Achtsam leben

CHRISTA SPANNBAUER

Vergebung befreit

Loslassen und inneren Frieden finden

SCORPIO

Christa Spannbauer lebt als Autorin, Referentin und Filmemacherin in Berlin. In ihren Publikationen, Vorträgen und Workshops geht sie der Frage nach, wie ein gutes Leben gelingt und wie uns die Weisheitswege aus Ost und West darin unterstützen können. Sie verfügt über langjährige Zen- und Achtsamkeitspraxis, ist ausgebildete Hospizmitarbeiterin und Dozentin für achtsamkeitsbasiertes Mitgefühlstraining. Für Film und Buch »Mut zum Leben« begleitete sie über mehrere Jahre vier Shoah-Überlebende, in denen sie erklärtermaßen ihre großen Lehrer der Menschlichkeit fand. www.christa-spannbauer.de

MIX
Papier aus verantwortungsvollen Quellen
FSC® C084279
FSC
www.fsc.org

Inhalt

Geleitwort:
Weshalb Vergebung befreit

Sosehr wir es uns auch wünschen würden: Keiner von uns bleibt in seinem Leben von Verletzungen und Kränkungen verschont. Und keiner von uns kann sich vor dem Schmerz schützen, der dadurch entsteht. Worauf wir jedoch Einfluss haben und was tatsächlich in unserer eigenen Hand liegt, ist die Entscheidung, wie wir darauf reagieren wollen. Nehmen wir Verletzungen zum Anlass für Bitterkeit, Wut und Vergeltung? Oder finden wir zu einem Umgang mit diesen Gefühlen, der weder uns noch anderen Menschen Schaden zufügt?

Ja, es ist schmerzhaft, gekränkt und verletzt zu werden. Besonders dann, wenn es seitens eines Menschen geschieht, der uns nahesteht. Unser Leben gerät aus dem Gleichgewicht. Zorn, Scham, Traurigkeit und Hilflosigkeit machen sich in uns breit. Und mit diesen die Frage: »Wieso hast du mir das angetan?« Nicht immer haben wir das Glück, eine zufriedenstellende Antwort auf diese Frage zu erhalten. Dann gräbt sich der Schmerz in unser Herz. Und wir scheinen nicht loszukommen von dem Menschen, der uns verletzt hat. Wir sinnen über Rache nach, möchten es ihm heimzahlen.

Und übertragen unseren unverarbeiteten Groll oft auch noch auf neue Beziehungen und vergrößern dadurch unser Leid.

So machen wir häufig Menschen aus unserer Vergangenheit bis zum heutigen Tag für unser Unglück verantwortlich. Wir mutmaßen: Wenn mir dies damals nicht geschehen wäre, könnte ich heute glücklich sein. Wir tragen anderen Menschen etwas nach und tragen selbst am schwersten daran. Denn die Unfähigkeit zu verzeihen, bindet uns nicht nur an die, die uns etwas angetan haben, sie bindet uns auch an die Vergangenheit und überschattet unsere Gegenwart. *Befreiung beginnt dann, wenn wir die Fesseln der Wut und Verbitterung abstreifen, die uns an die Menschen binden, die uns Schaden zufügten.* Wohl kaum jemand wusste dies besser als Nelson Mandela, der für sein Bürgerrechtsengagement fast dreißig Jahre in den Gefängnissen Südafrikas inhaftiert war. In seiner Autobiografie schrieb er: »Als ich aus der Zelle durch die Tür in Richtung Freiheit ging, wusste ich, dass ich meine Verbitterung und meinen Hass zurücklassen musste, oder ich würde mein Leben lang gefangen bleiben.« Bei seiner Amtseinführung als Staatspräsident setzte er ein für die ganze Welt sichtbares Zeichen der Versöhnung. Er begrüßte auf der Ehrentribüne seinen ehemaligen Gefängniswärter Christo Brand. »Mandela hat uns alle befreit«, sagte dieser danach.

Unterstützung auf dem Weg

Dabei ist wichtig zu betonen, dass Vergebung nicht meint, das Unrecht nicht als solches zu benennen. Vergeben heißt nicht vergessen oder so tun, als wäre nichts Schlimmes geschehen. Doch wer sich achtsam und mitfühlend dem Leid im eigenen Herzen zuwendet, bringt Heilung in das eigene Leben und das der Menschen um ihn herum. Nein, es ist kein einfacher Weg. Es braucht Mut, Entschlossenheit und einen langen Atem. Doch der Schlüssel hierfür liegt in unserer Hand. Vergebung ist ein Akt der Stärke. Und ein Akt der Liebe. Sie befreit den, der sie gibt, und den, der sie empfängt. Wie wir mit Verletzungen umgehen, zeigt, wer wir sind, woran wir glauben und was uns wichtig ist im Leben.

Auf Ihrem Weg der Vergebung werden Sie vielen Herausforderungen begegnen und mit schwierigen Gefühlen konfrontiert werden. Daher empfehle ich Ihnen, diesen Weg nicht allein zu gehen, sondern sich der Unterstützung anderer Menschen zu versichern. Vielleicht nehmen Sie sich an dieser

Stelle etwas Zeit und überlegen, wer sich auf diesem Weg als Begleiter eignen würde. Wem vertrauen Sie bedingungslos? Wer steht zu Ihnen auch in schweren Stunden? Wem können Sie ungeschützt Ihre Gefühle anvertrauen? Vielleicht ist es Ihre beste Freundin oder ein guter Freund, vielleicht Ihr Beziehungspartner, vielleicht auch entsteht der Wunsch in Ihnen, sich auf Ihrem Weg von einem mitfühlenden Therapeuten begleiten zu lassen.

Da ich Sie in diesem Buch immer wieder zum Innehalten und schriftlichen Reflektieren einladen werde, möchte ich Sie darum bitten, sich ein Notizbuch bereitzulegen, das Ihnen für diesen Anlass passend erscheint.

Diesem »Vergebungs-Tagebuch« können Sie Ihre Gefühle anvertrauen und sich alles frei von der Seele schreiben. In der Psychologie wird diese Methode »Entäußern« genannt. Sie dient nicht nur der seelischen Entlastung, sondern führt auch zur inneren Distanzierung. Denn was wir einmal niedergeschrieben haben, liegt uns nicht mehr so schwer auf dem Herzen. Es liegt in geschriebener Form vor uns, wir können es betrachten, prüfen und schließlich auch leichter loslassen.

Was verändert sich dadurch, dass ich vergebe?

Halten Sie an dieser Stelle einmal inne und nehmen Sie sich das Notizbuch oder ein Blatt Papier zur Hand. Schreiben Sie ungefiltert alles auf, was Ihnen zu den folgenden drei Fragen einfällt:

- Was würde meine Entscheidung zur Vergebung in meinem derzeitigen Leben verändern?

- Wie würde sich die Beziehung zu dem Menschen, der mich verletzt hat, verändern?

- Welchen Einfluss hätte dies auf die Beziehungen zu anderen Menschen in meinem Leben?

Wichtige Unterstützung erhalten wir von Menschen, die diesen Weg bereits vor uns gegangen sind. Wir brauchen Vorbilder, die uns Mut machen und unser Vertrauen in den Weg stärken. Fragen Sie sich an dieser Stelle einmal, wer die Menschen sind, die Ihnen im Hinblick auf Vergebung ein inspirierendes Vorbild sind. Vielleicht möchten Sie sich deren Namen aufschreiben und in der nächsten Zeit mehr über sie erfahren. Möglicherweise kennen Sie diese Menschen persönlich. Dann sprechen Sie mit ihnen über ihr Leben und ihre Erfahrungen. Vielleicht sind es auch große Menschen der Weltgeschichte, über die Sie lesen oder Reportagen ansehen möchten. In diesem Buch begegnen Sie im letzten Kapitel »Die heilende Kraft der Vergebung« Menschen, die außergewöhnliche Schritte der Vergebung unternommen haben. Sie können dieses Kapitel auch vorab zur Einstimmung und Ermutigung lesen.

Ich selbst hatte das Glück, Menschen treffen zu dürfen, die mich in dieser Hinsicht viel gelehrt haben. Für den Film »Mut zum Leben« begleitete ich für einige Jahre vier Überlebende der Shoah. Ich traf auf Menschen, die trotz des Entsetzlichen, das ihnen angetan worden war, heute frei sind von Bitterkeit und Hass. In vielen intensiven Gesprächen erwuchs in mir über die Jahre ein Verständnis dafür, welche Ressourcen und Lebensentscheidungen es sind, die Menschen dazu befähigen, nach schweren Verletzungen und traumatischen Erfahrungen ihr Vertrauen in das Leben und ihre Versöhnungsbereitschaft zu bewahren. Mein Dank geht an dieser Stelle an Jehuda Bacon, Esther Bejarano, Éva Pusztai-Fahidi und

Greta Klingsberg, meinen Lehrern und Lehrerinnen der Menschlichkeit.

Nun wünsche ich Innen, liebe Leserinnen und Leser, Zuversicht und Vertrauen auf Ihrem Weg der Vergebung. Bereits Ihre Entscheidung für Vergebung zeugt von großem Mut. Und von dem Wunsch nach einem glücklichen und erfüllten Leben.

1

Verletzte Gefühle wahrnehmen

»Wende dich nicht ab, halte den
Blick auf die wunde Stelle gerichtet,
denn dor‾ tritt das Licht ein.«
Mevlana Rumi

Vergebung beginnt mit der Entscheidung, unsere verletzten Gefühle wahrzunehmen, uns ihnen mitfühlend zu stellen und uns beherzt einen Weg durch Zorn, Enttäuschung, Groll und Traurigkeit zu bahnen. Das ist nicht einfach. Wir werden uns in diesem Kapitel daher eingehend damit beschäftigen, was uns dabei unterstützen kann.

Weshalb wir manchmal gar nichts fühlen können

Für das Fallbeispiel, das sich durch das Buch zieht, habe ich bewusst keine extreme Situation gewählt, sondern eine Kränkung, wie sie in der einen oder anderen Form vermutlich die meisten Menschen schon einmal erlebt haben dürften. Sie persönlich wissen selbst am besten, an welcher Stelle in Ihrem Leben das Thema Vergebung bedeutsam ist. Erlauben Sie sich, die einzelnen Aspekte auf dem Weg der Vergebung, die ich anhand des Fallbeispiels anschaulich machen möchte, auf Ihre Situation zu übertragen. Wählen Sie dabei Ihr eigenes Tempo und vertrauen Sie Ihrer Intuition und Ihrer inneren Weisheit.

Schon lange hatte sie sich auf dieses verlängerte Wochenende gefreut. Und es hätte alles so schön sein können. Denn endlich hatte sie Alex zu einem gemeinsamen Familienausflug an die Ostsee überreden können, um den Alltagsstress für einige Tage hinter sich zu lassen. Seitdem sie sich vor zwei Jahren mit ihrem Architekturbüro selbstständig gemacht hatten, arbeiteten sie fast ohne Unterlass. Anna versuchte, sich auch noch genügend Zeit für die beiden schulpflichtigen Kinder zu nehmen, und so saß sie häufig bis spät in die Nacht an neuen Entwürfen. Da blieb nicht mehr viel Zeit füreinander. Das hatte in der letzten Zeit immer häufiger zu Reibereien zwischen ihr und Alex geführt.

Beide hatten sie für diesen Kurzurlaub viel vorarbeiten müssen und erst in letzter Minute die Koffer gepackt. Die Kinder trödelten wie immer herum, und als sie endlich losfuhren, war die Stimmung im Auto bereits angespannt. Kurz darauf standen sie im Stau. Die Kinder zankten sich auf dem Rücksitz, die Sonne heizte das Auto auf, und Anna stellte fest, dass sie vergessen hatte, die Provianttasche mit den Getränken einzupacken. Da fuhr Alex gereizt aus der Haut: »Das ist doch wieder typisch für dich! Immer vergisst du alles!«

»Nun übertreib aber mal nicht«, versuchte Anna ihren aufgebrachten Ehemann zu beschwichtigen. Doch dieser war nicht zu stoppen: »Ich hab deine Unzuverlässigkeit so was von satt! Nie kann man sich auf dich verlassen! Weder in der Firma noch in der Familie! Deine Mutter hatte schon recht mit dem, was sie immer über dich sagte!«

Stille im Auto. Die Kinder schwiegen betreten. Annas Magen verkrampfte sich schmerzhaft, und sie spürte, wie ihr die Zornesröte ins Gesicht schoss. Doch anstatt nun ihrerseits aus der Haut zu fahren, schwieg sie: »Jetzt bloß kein Streit und schon gar nicht vor den Kindern«, dachte sie und schaltete das Radio ein, um die gereizte Stille zu übertönen. Bald schon sang sie gemeinsam mit den Kindern lautstark mit. Die verletzenden Worte von Alex verdrängte sie aus ihren Gedanken.

Kein Mensch wird gerne verletzt. Und schon gar nicht von einem Menschen, der einem viel bedeutet. Oftmals entscheiden wir uns daher bewusst oder unbewusst dafür, die Verletzung gar nicht erst wahrzunehmen. Wir ignorieren und überspielen sie und verdrängen die aufsteigenden Gefühle von Schmerz, Ohnmacht, Hilflosigkeit und Wut. Denn wir fürchten die Wucht unserer verletzten Gefühle. Wie eine Schildkröte ziehen wir daher den Kopf unter den Panzer zurück und bringen unsere Gefühle in Sicherheit. Oder wir stecken wie Vogel Strauß einfach den Kopf in den Sand. Auch Anna entschied sich erst einmal dafür, ihre Gefühle nicht so ernst zu nehmen, und vermied es, auf die verletzenden Worte von Alex zu reagieren. Sie wollte die Urlaubsstimmung nicht verderben und vor den Kindern keine Szene machen. Und so tat sie, als wäre nichts weiter geschehen.

Gerade dann, wenn wir von einem Menschen verletzt wurden, der unserem Herzen nahesteht, ist die Versuchung groß, die Verletzung zu ignorieren, um die Beziehung nicht zu gefährden und belastende Auseinandersetzungen zu vermeiden. Wir reden uns die Beziehung schön, setzen eine rosarote Brille auf und entscheiden uns dafür, gute Miene zu machen. Manchmal brechen wir auch einen heftigen Streit vom Zaun und kämpfen erbittert mit dem anderen, um die Verletzung abzuwehren und die damit einhergehenden Gefühle nicht spüren zu müssen. Denn jeder Mensch strebt instinktiv danach, dem Schmerz aus dem Weg zu gehen.

Doch so unangenehm er auch ist, so hat der Schmerz doch eine wichtige Funktion. Er signalisiert, dass wir uns bedroht fühlen und dass es angebracht wäre, sich aus der Gefahrenzone zu begeben. Denn nur weil wir sie nicht spüren wollen und einen Weichzeichner darübergelegt haben, heißt dies ja nicht, dass die Verletzung nicht stattgefunden hätte. Wir haben sie nur in der dunklen Kammer unserer ungeliebten Gefühle abgelegt. Dort lebt sie fort und blockiert den Weg zu unserem Herzen, nährt unseren latenten Ärger und Groll, führt zu körperlichen Verspannungen, verursacht Stimmungsschwankungen und depressive Verstimmungen und belastet nicht zuletzt die Beziehungen zu unseren Mitmenschen. Alles, was sich nicht zeigen darf, lebt nur umso machtvoller in unserem Inneren fort.

Wie reagiere ich auf Verletzungen?

Machen Sie sich an dieser Stelle einmal bewusst, wie Sie für gewöhnlich auf Verletzungen reagieren.

☐ Ich gehe darüber hinweg und tue einfach so, als ob nichts gewesen wäre.

☐ Ich fahre aus der Haut und reagiere aggressiv und zornig.

☐ Ich sage nichts, fühle mich von dem Menschen jedoch so enttäuscht, dass ich mich innerlich zurückziehe.

☐ Ich grüble darüber nach, was ich wohl falsch gemacht habe.

☐ Ich suche umgehend die Auseinandersetzung und zeige meinem Gegenüber meine Gefühle.

☐ Ich spüre kaum etwas und fühle mich distanziert von mir selbst und meinem Gegenüber.

☐ Ich kümmere mich erst einmal um mich selbst und spreche mir Trost und Mut zu.

☐ Ich nehme es wahr, dass ich verletzt worden bin, und gebe mir Zeit zur Reflexion, um mein Gegenüber danach darauf anzusprechen.

In Kontakt mit den eigenen Gefühlen kommen

Sich einzugestehen, dass man verletzt worden ist, ist alles andere als einfach. Denn es bedeutet, sich mit all den Gefühlen, die durch die Verletzung ausgelöst wurden, auseinanderzusetzen und sich mit dem Ausmaß der Kränkung zu konfrontieren. Eine Verletzung löst einen ganzen Mix an Gefühlen in uns aus. Vor allem sind dies Ärger, Wut, Scham, Ohnmacht und Traurigkeit. Es sind unangenehme und schmerzhafte Gefühle, sie stören unsere innere Ruhe und greifen unser Selbstbild an. Und sie machen uns Angst. Wir befürchten, sie nicht kontrollieren zu können. Deshalb würden wir sie am liebsten gleich ganz aus unserem Leben verbannen. Doch sowohl die Psychologie als auch die eigene Lebenserfahrung lehren uns, dass dies fatale Konsequenzen haben kann. Denn wenn wir unsere Traurigkeit nicht mehr spüren können, verliert auch unsere Freude an Intensität. *Alle Gefühle erfüllen eine wichtige Funktion. Sie sind die Vital- und Nährstoffe unseres Lebens und ermöglichen uns ein intensives und erfülltes Leben. Auf dem Weg der Vergebung ist es daher der erste und wichtigste Schritt, sich der konkreten Verletzung zuzuwenden und die Gefühle, die auftauchen, wahrzunehmen.* Eine körperliche Wunde kann nur heilen, wenn Luft an sie kommt. Das Gleiche gilt auch für seelische Wunden. »Zeige deine Wunde«, forderte daher der Künstler Joseph Beuys.

 ## Ein Frühwarnsystem für Kränkungen entwickeln

Im Umgang mit Kränkungen ist es hilfreich, ein Frühwarnsystem zu entwickeln und sich die Zeit für einen Achtsamkeits-Check im Alltag zu nehmen. Gehen Sie dabei Ihren Gefühlen auf den Grund und fragen Sie sich: »Was fühle ich gerade? Wo kann ich diese Gefühle im Körper wahrnehmen?«

Indem Sie kurz innehalten und den Handlungsmodus unterbrechen, können Sie auch den Automatismus, mit dem Sie gewöhnlich auf Verletzungen reagieren, unterbrechen und sich neue Sichtweisen und damit auch neue Handlungsoptionen eröffnen. Horchen Sie dafür achtsam und neugierig in sich hinein. Heißen Sie jedes Gefühl willkommen. Keines ist unangemessen. Benennen Sie die Gefühle, die auftauchen. Die Benennung schafft Distanz und verhindert, dass Sie sich vollständig mit dem Gefühl identifizieren. Sagen Sie daher nicht: »Ich bin zornig, ich bin traurig …«, sondern: »Da ist Ohnmacht, da ist Ärger …«.

Mit dem Benennen machen Sie deutlich, dass Sie Gefühle *haben,* dass Sie diese aber nicht *sind.* Damit schaffen Sie eine kleine, aber sehr effektive Distanz zwischen der Verletzung und Ihnen selbst und eröffnen sich die Möglichkeit, Ihre Gefühle wahrzunehmen, ohne sich vollständig mit ihnen zu identifizieren. Beobachten Sie, wie Gefühle kommen und wie sie auch wieder gehen. Sie werden mit Erleichterung feststellen, dass manche Gefühle zwar sehr heftig sein können, dass sie jedoch – wie alles andere auch – vergänglich sind.

Sobald wir unsere Gefühle erkannt und benannt haben, sind wir diesen nicht mehr hilflos ausgeliefert. Und indem wir sie nicht verdrängen und verurteilen, verhindern wir zugleich, dass unsere Gefühle in den Untergrund gehen und sich in unserem Herzen zu Rachsucht, Scham, Selbstgerechtigkeit, Bitterkeit oder Groll auswachsen. Denn eines sollte uns klar sein: Je mehr wir unsere Gefühle ablehnen, desto mehr Macht erhalten diese über uns. Und je weniger Widerstand wir ihnen entgegensetzen, desto weniger bleiben wir in ihnen gefangen. Schließlich können wir feststellen: Wenn wir schmerzhafte Gefühle mit einem achtsamen und interessierten Blick ansehen, verändern sich diese von selbst.

Zorn und Ärger zulassen

Zorn ist die erste und angemessene Gefühlsreaktion auf eine Verletzung. Er ist der Beweis für unsere Selbstachtung, der uns ausrufen lässt: »Das ist nicht in Ordnung! Das lasse ich mir nicht gefallen!« Zorn verleiht uns die Kraft und Autorität, dem Eindringling Einhalt zu gebieten. Indem wir unsere Grenzen deutlich machen, nehmen wir nicht nur uns selbst, sondern auch den anderen ernst.

Viele Menschen fühlen sich jedoch unbehaglich, wenn Zorn in ihnen aufsteigt. Häufig wurden sie bereits als Kind für ihren Zorn gemaßregelt und fühlen sich heute noch schuldig, wenn er auftaucht. Manche Menschen haben auch die Erfahrung gemacht, wie zerstörerisch er in seiner vollen Wucht sein kann. Und so versuchen sie, ihn zu unterdrücken.

Auch Anna hatte sich um des lieben Friedens willen dazu entschieden, ihre Wut nicht zu zeigen und hinunterzuschlucken. Bei früheren Auseinandersetzungen hatte sie die Erfahrung gemacht, dass sich Alex nach ihren Wutausbrüchen tagelang in den Schmollwinkel zurückzog, was in ihr Schuldgefühle und Gewissensbisse auslöste. Das aber war das Letzte, was sie sich für den gemeinsamen Urlaub mit der Familie wünschte.

Verletzende Worte lösen jedoch ganz zu Recht Wut, Ärger und Zorn in uns aus. Und es gibt keinen Grund, sich für diese elementaren Gefühle zu schämen oder sich schuldig zu fühlen. Unsere Grenzen wurden übertreten, unsere Selbstachtung verletzt, unsere Gefühle gekränkt. Und Zorn ist eine berechtigte und gesunde Reaktion darauf. Daher ist es weitaus besser, diesen zuzulassen und ein Ventil für ihn zu finden, als ihn hinunterzuschlucken. Denn dann brodelt er im Untergrund weiter und richtet sich aggressiv gegen uns selbst oder gegen unschuldige Dritte, die rein gar nichts dafür können.

Wie also können wir mit unserer Wut achtsam umgehen? Denn zweifellos kann ungezügelte Wut vernichtend sein und Beziehungen zerstören. Starke Wut, die nach außen oder nach innen drängt, trägt zudem ein nachgewiesenes Gesundheitsrisiko in sich. So belegen medizinische Studien den Zusammenhang zwischen häufigem Zorn mit Bluthochdruck und Herzerkrankungen. *Ein wichtiger Schritt auf dem Weg der Vergebung ist es daher, die Wut wahrzunehmen und einen angemessenen Ausdruck für sie zu finden.* Versuchen Sie daher das nächste Mal, wenn Sie wütend werden, kurz innezuhalten und sich eine Skala von 1 bis 10 vorzustellen. Bei welcher Zahl würden Sie Ihren Zorn ansiedeln? Wenn das innere Barometer ausschlägt, dann empfiehlt es sich, erst einmal die folgende kleine Übung durchzuführen.

Erste Hilfe im Umgang mit Zorn

Wut ist eine sehr starke und impulsive Emotion. Wir fürchten sie deshalb, weil wir sie so schlecht kontrollieren können. Eine einfache und zugleich effektive Übung ist die Dampfkessel-Atmung. Sie unterstützt Sie darin, erst einmal runterzufahren, anstatt gleich unkontrolliert zu explodieren. Damit können Sie den inneren Druck komprimieren, wenn Sie die Wut in sich aufsteigen fühlen. Atmen Sie tief ein und lassen Sie beim Ausatmen mit leicht geöffnetem Mund die Luft wie ein Dampfkessel ausströmen. Wiederholen Sie diese Übung so lange, bis Sie die beruhigende Wirkung spüren können. Über die verlangsamte und tiefe Atmung senden Sie Ihrem Gehirn die Information, dass Ihr Körper aus seinem erhöhten Spannungsmodus wieder aussteigen kann. Damit legt sich die erste Wallung der Wut in Ihnen erst einmal so weit, dass Sie die Ursachen für die Wut anschließend ruhiger erforschen können.

Zorn lässt sich übrigens sehr gut über den Körper ausagieren. Eine wirksame Methode ist ein schneller Lauf durch die Natur. Beim Laufen können Sie zusätzlich die oben angeratene Dampfkessel-Atmung durchführen. Wenn Sie ungestört sind, können Sie Ihren Gefühlen auch durch kraftvolle Körperbewegungen wie dem Schattenboxen Ausdruck verleihen oder sich diese beim Laufen von der Seele reden oder herausschreien. Da sich blockierte Wutgefühle häufig im Halsbereich stauen, ist gerade die Verbindung von körperlicher Aktivität mit stimmlichem Ausdruck ein sehr wirksames Mittel der Energiefreisetzung.

Wenn Sie das Gefühl haben, dass Sie innerlich ruhiger geworden sind, fragen Sie sich, wie Sie Ihrem Ärger angemessenen Raum geben können. Vielleicht entscheiden Sie sich für eine Aussprache mit demjenigen, der Sie verletzt hat. Mit einem klärenden Gespräch können viele Verletzungen gelindert und aus dem Weg geräumt werden. Je mehr Sie dabei Schuldzuweisungen vermeiden können, desto besser wird es Ihrem Gegenüber gelingen, Ihnen zuzuhören, ohne dabei gleich in eine Verteidigungsposition zu gehen.

Erklären Sie ihm, welche Gefühle durch sein Handeln in Ihnen ausgelöst wurden. Wenn ein klärendes Gespräch aufgrund äußerer Umstände oder innerer Befindlichkeiten nicht möglich ist, dann sprechen Sie mit einem guten Freund oder einer guten Freundin über Ihre Verärgerung. Eine weitere Möglichkeit besteht darin, alles Ihrem Tagebuch anzuvertrauen und sich in diesem Ihre Wut unzensiert und ungefiltert vom Herzen zu schreiben. Mag sein, dass Sie sich in diesem Fall auch lieber für ein loses Blatt Papier entscheiden, das sie danach genüsslich in Fetzen zerreißen oder verbrennen können. Stellen Sie sich dabei vor, wie mit dem aufsteigenden Rauch auch Ihr Zorn verraucht.

Die Scham ans Licht bringen und die Ohnmacht beenden

Häufig ist es die Scham, die verhindert, dass wir unsere verletzten Gefühle wahrnehmen. Das macht die Scham zu einem der schwierigsten Hindernisse auf dem Weg der Vergebung.

Auch Anna fühlte sich durch Alex' wütende Worte beschämt. Am liebsten wäre sie in diesem Moment im Erdboden versunken. Denn er hatte sie vor den eigenen Kindern wie ein ungezogenes Kind abgekanzelt. Sie fühlte sich bloßgestellt, gedemütigt und bis auf die Knochen blamiert. Kein Wunder, dass sie die Situation so schnell wie möglich verdrängen und durch die Vortäuschung guter Laune überspielen wollte.

Scham empfinden wir, wenn unsere Intimitätsgrenzen übertreten und unsere Selbstachtung und Würde verletzt wurden. Als Folge machen sich Ohnmacht und Hilflosigkeit in uns breit. Oft wurden wir bereits als Kind beschämt, und die Erinnerung daran zählt zu den unangenehmsten Gefühlen, die wir kennen. *Doch auch im Umgang mit der Scham gilt, was bei allen Gefühlen gilt: wahrnehmen und zulassen.* Sobald wir uns dazu bereitmachen, verliert die Scham ihren Schrecken.

Entscheidend für die Heilung der Scham ist noch ein weiterer Schritt: Sie muss ans Licht gebracht und aus ihrem dunklen Verlies erlöst werden. Indem Sie ihr die Tür öffnen, verhindern Sie, dass sich die Verletzung zur Selbstverachtung auswächst. Indem Sie Ihr Schweigen brechen, verliert die Scham ihre Macht über Sie. Und indem Sie Ihre Geschichte erzählen und offen das benennen, was Ihnen Schaden zufügte, gewinnen Sie Ihre Selbstachtung zurück.

Die eigene Geschichte erzählen – die Scham beenden

Suchen Sie das Gespräch mit dem Menschen, der Sie verletzt hat. Erzählen Sie ihm Ihre Sicht der Dinge – wenn er dazu bereit ist und Sie sich dazu in der Lage fühlen. Sprechen Sie laut aus, was Sie fühlen. Damit geben Sie der Beziehung eine Chance. Sollte es sich als schwierig erweisen, mit dem Betreffenden zu sprechen, dann können Sie ihm einen Brief schreiben und in diesem die Situation aus Ihrer Sicht niederschreiben. Ob Sie diesen dann abschicken oder nicht, entscheiden Sie am besten nach einer erneuten Sichtung des Briefes mit etwas Abstand. Bereits das Schreiben und das Offenlegen dessen, was geschehen ist, haben einen heilenden Effekt.

Was Sie aber in jedem Fall tun sollten: Vertrauen Sie sich einem nahestehenden Menschen an. Auch wenn es schwer ist: Erzählen Sie von dem, was Sie beschämt hat.

Die verletzten Gefühle im Körper orten

Am nächsten Morgen saß Anna auf der Veranda des Ferienhauses und sah zu, wie Alex und die Kinder am Strand herumtollten. An der Oberfläche schien alles perfekt zu sein. Wenn nur dieser Druck in ihrem Magen nicht wäre. Im Verlauf des Tages spürte sie, wie dieses Druckgefühl immer stärker wurde, ganz so, als ob sich eine Faust in ihrem Bauch zusammenkrampfen würde.

Wenn wir unseren Verletzungen keinen Ausdruck geben, lagern sich die unterdrückten Gefühle im Körpergedächtnis ein. Wir spüren sie dann als Energieblockaden in unserem Körper. Sie führen zu Verspannungen, liegen uns schwer im Magen, gehen uns an die Nieren, schnüren uns die Kehle zu oder belasten unser Herz. *Erforschen Sie daher Ihren Körper, wenn Sie mit Ihren Empfindungen in Kontakt kommen möchten. Muskelverspannungen, ein Engegefühl im Brustbereich, der Druck im Magen oder eine zugeschnürte Kehle sind Indizien dafür, dass ein Gefühl sich zu Wort melden möchte.* Da wir auf unangenehme Gefühle häufig mit Abwehr und Widerstand reagieren, leben wir mitunter lange mit diesen Blockaden, ohne sie richtig wahrzunehmen. Die achtsame Beobachtung des Körpers kann uns jedoch wieder mit den verdrängten Gefühlen in Verbindung bringen. Wenden Sie sich daher mit Interesse und Entdeckerfreude dem eigenen Körper zu und versuchen Sie, dessen Signale zu entschlüsseln. Indem Sie Ihre Gefühle zum Fließen bringen, lösen Sie Blockaden in Ihrem Körper auf. Und ebenso auch andersherum: Indem Sie Blockaden in Ihrem Körper auflösen – etwa durch Tanzen, lautstarkes Singen, sportliche Betätigungen –, können Sie blockierte Gefühle befreien.

Verletzungen im Körper wahrnehmen

Nun haben Sie die Gelegenheit, zu einer Entdeckungsreise aufzubrechen und wie ein Forscher nach Spuren der Verletzung im eigenen Körper zu suchen. Es empfiehlt sich, diese Reise an einem ungestörten Ort anzutreten. Nehmen Sie eine aufrechte und zugleich angenehme Sitzhaltung ein und atmen Sie einige Male bewusst ein und aus. Erinnern Sie sich nun an die Verletzung und beginnen Sie mit der Entdeckungsreise durch Ihren Körper. Sie können sich dafür entscheiden, entweder von Kopf bis Fuß gedanklich durchzugehen oder sich gleich den Stellen zuzuwenden, die sich bei dem Gedanken an die Verletzung melden. Wo im Körper spüren Sie diese? Wie fühlen sie sich an? Handelt es sich dabei um Schmerzen, um Verspannungen, um Druck- oder Engegefühle? Gibt es Hitze-, Wärme- oder Kälteempfindungen? Fängt Ihr Herz an zu klopfen oder beschleunigt sich Ihr Atem?

Spüren Sie besonders aufmerksam in Ihren Hals-, Brust-, Rücken- und Bauchbereich, da sich Verletzungen häufig hier einlagern. Atmen Sie in diese Stellen behutsam hinein. Beobachten Sie interessiert, welche Gefühle durch die

Körperempfindungen ausgelöst werden und welche Gedanken in Ihnen aufsteigen. Nehmen Sie alles zur Kenntnis und benennen Sie die Gefühle. Reiben und massieren Sie die empfindlichen Stellen. Lächeln Sie zum Abschluss den schmerzenden und angespannten Stellen Ihres Körpers freundlich und mitfühlend zu. Vielleicht legen Sie sich danach erst einmal für einige Minuten hin. Ihr Körper wird es Ihnen danken.

»In uns lebt alles weiter, was wir je waren.«
Luise Reddemann

Schmerzhafte Gefühle aus der Vergangenheit

Obwohl sie prächtiges Wetter hatten und den Tag entspannt am Strand verbrachten, fand Anna innerlich keine Ruhe. Immer wieder kamen ihr Alex' Worte in den Sinn. Wie bitter er geklungen hatte! Wie enttäuscht er von ihr zu sein schien! Das Gefühl hatte er ihr in der letzten Zeit öfter gegeben. Ständig kritisierte er an ihr herum. Manchmal konnte sie förmlich die Stimme ihrer Mutter hören, die sie früher mit ähnlich unzufriedenen Worten gerügt hatte. Nie konnte Anna ihren Erwartungen gerecht werden. Wie oft hatte sie sich als Kind deswegen klein und minderwertig gefühlt!

Es liegt nicht nur an der gegenwärtigen Situation, wenn wir von Kränkungen mit großer Wucht getroffen werden. *Manche Worte bringen das verletzte Kind in uns zum Vorschein. Dann macht sich eine wilde Mischung aus Gefühlen blitzschnell in uns breit, und wir möchten unserem Gegenüber am liebsten ans Schienbein treten oder uns trotzig im dunkelsten Winkel der Wohnung verkriechen.* Auch unser Gegenüber ist häufig verblüfft über unsere heftige Reaktion. Dies erklärt das in Familien durchaus bekannte Phänomen, dass es gerade an Familienfesten wie Weihnachten und Geburtstagen immer wieder zu dramatischen Szenen und Konflikten kommt. Alte Familienmuster werden aktiviert, Verletzungen aus der Kindheit kämpfen sich an die Oberfläche, und die Nerven aller Beteiligten liegen blank. Bereits ein Wort zur falschen Zeit kann dann eine Katastrophe auslösen.

Denn jeder Mensch verfügt über sensible Stellen, die er vor anderen verstecken und schützen möchte, in der Hoffnung, nicht noch einmal an diesem neuralgischen Punkt getroffen zu werden. Wir nehmen es Menschen daher ausgesprochen übel, wenn sie an alte Verletzungen rühren und diese wieder aufreißen. Wir wünschten, wir könnten diese Wunde ein für alle Mal verschließen und vor uns selbst und der Welt verstecken. Es handelt sich dabei meist um schmerzvolle Erfahrungen aus unserer Kindheit, die ihre Schatten bis in unser heutiges Leben werfen. Damals konnten wir unsere Grenzen noch nicht schützen und uns gegen Übergriffe nicht wehren. Als Reaktion darauf eigneten wir uns wirksame Schutzmechanismen an, die es uns ermöglichten, damit umzugehen.

Auch heute noch leisten uns einige dieser Strategien durchaus gute Dienste, um im Alltag reibungslos zu funktionieren. Da sie uns aber so in Fleisch und Blut übergegangen sind, wenden wir sie auch dann an, wenn wir sie gar nicht mehr brauchten. Schlimmer noch: Oft stehen sie uns heute massiv im Weg, denn sie verhindern den Zugang zu unseren Gefühlen. Sie blockieren vitale Emotionen wie Wut, Trauer und Schmerz und behindern damit den Heilungsprozess.

Kontakt zum inneren Kind aufnehmen

In jedem von uns lebt das innere Kind weiter, das wir einmal waren. Es hütet die glücklichsten ebenso wie die schmerzlichsten Erfahrungen unseres Lebens. Es ist die Quelle unserer Lebensfreude und Kreativität ebenso wie der Hort tiefer Traurigkeit und Verlassenheit. Jede aktuelle Verletzung hat Auswirkungen auf das innere Kind in uns.

Nehmen Sie daher bewusst Kontakt zu Ihrem inneren Kind auf. Oft hat es sich in einen Winkel in Ihrem Herzen zurückgezogen, fühlt sich verletzt und verlassen. Erkennen und teilen Sie seinen Schmerz. Stellen Sie sich vor, wie Sie es tröstend und liebevoll in Ihre Arme schließen.

Fragen Sie es: Was wünschst du dir von mir? Wie kann ich dir beistehen? Was hat dich verletzt? Wie kann ich dich trösten? Wie kann ich deinen Schmerz heilen? Wie kann ich dich glücklich machen? Welche Auswirkungen hat die gegenwärtige Verletzung auf dich?

Nehmen Sie Ihr Tagebuch zur Hand und geben Sie Ihrem inneren Kind die Gelegenheit, sich alles Traurige und Schmerzhafte vom Herzen zu schreiben. Sie werden sich dadurch nicht nur erleichtert fühlen, sondern auch wichtige Impulse für den Umgang mit aktuellen Verletzungen erhalten. Danken Sie Ihrem inneren Kind für seine Bereitschaft, mit Ihnen zu reden, und versprechen Sie ihm, dass Sie ihm fortan zur Seite stehen und auf seine Stimme hören werden.

Vielleicht stellen Sie fest, dass Sie mit geradezu traumwandlerischer Sicherheit immer wieder Menschen anziehen, die an diese alten Wunden rühren. So wie Alex scheint auch Ihr neuer Partner Ihnen eben das zum Vorwurf zu machen, was Ihnen bereits Ihre Mutter vorwarf, und Ihr neuer

Chef scheint genau die Worte zu wählen, die Sie bereits bei Ihrem Vater zur Weißglut brachten. Aus tiefenpsychologischer Sicht ist dies ein Hinweis darauf, dass alte Verletzungen in unserem Leben noch nicht geheilt sind und dass wir durch die Wahl der Menschen, die diese wieder aktivieren, unbewusst nach Heilung suchen.

So schmerzhaft es auch ist, wenn die alten Kernverletzungen getriggert werden, so birgt genau dies die Chance zur Heilung in sich. Denn wenn die verdrängten Verletzungen wieder aktiviert werden und ans Tageslicht kommen, können wir mit ihnen arbeiten. Vielleicht haben Sie das Glück und finden in Ihrem Partner oder Ihrer Partnerin einen Menschen, der bereit ist, sich gemeinsam mit Ihnen diesen alten Verletzungen zuzuwenden. Dann kann ein Entwicklungsprozess in der Beziehung beginnen, der Sie beide auf Ihrem Weg voranbringt. Vielleicht kann es aber auch Anlass sein, sich mithilfe von guten Freunden oder einem Therapeuten auf einen individuellen Heilungsweg zu begeben.

Annehmen, was geschehen ist

Wenn wir die Gefühle, die durch die Verletzung ausgelöst wurden, zulassen und wenn wir uns dem Schmerz und dem Verlust stellen, beginnen wir die Realität dessen zu akzeptieren, was geschehen ist. Wir erkennen, dass die Dinge nicht mehr so sind, wie sie einmal waren, und dass sie auch nie wieder so sein werden. Verzeihen fordert von uns nicht mehr und nicht weniger, als die Hoffnung auf eine bessere Vergangenheit ein für alle Mal aufzugeben. Was geschehen ist, ist geschehen. Es lässt sich nicht mehr rückgängig machen, sosehr wir uns dies auch wünschen würden. Indem wir annehmen, was geschehen ist, machen wir uns bereit, die Verletzung zu heilen.

Doch bereits das Wort »annehmen« löst bei vielen Menschen instinktiv Widerstand aus. »Soll ich mir denn jetzt alles gefallen lassen?«, fragen sie entrüstet und fürchten, in eine hilflose Opferrolle zu geraten. Doch Annehmen hat mit Passivität nichts zu tun. Annehmen erfordert vielmehr ein hohes Maß an Aktivität. Annehmen ist der Grundstein für jegliche Veränderung.

»Wir müssen nicht gutheißen, was wir akzeptieren«, stellt der Benediktiner David Steindl-Rast klar. »Doch erst dann, wenn wir erkannt und akzeptiert haben, was ist, können wir es ändern.« Solange wir uns gegen das Geschehene im Widerstand befinden, sind unsere Kräfte gebunden. Nein, wir müssen nicht gutheißen, was geschehen ist. Unrecht bleibt Unrecht. Indem wir aber akzeptieren, dass es geschehen ist, verausgaben wir uns nicht länger im Kampf und im Widerstand gegen das Unveränderliche. Nun haben wir die Kraft, das zu verändern, was wir verändern können: unsere Sicht auf die Dinge und unsere Reaktion darauf. Wenn wir uns der Realität stellen und ihr keinen Widerstand mehr entgegensetzen, wenn wir aufhören, zu werten und zu urteilen, öffnet sich die Tür für Wachstum und Entwicklung.

GELASSENHEITSGEBET

Die bekannten Zeilen des Theologen Reinhold Niebuhr können Ihnen beim Annehmen behilflich sein:

»Gott, gib mir die Gelassenheit, Dinge
hinzunehmen, die ich nicht ändern kann,
den Mut, Dinge zu ändern, die ich ändern kann,
und die Weisheit, das eine vom anderen
zu unterscheiden.«

Die Traurigkeit ins Herz lassen

Bei ihrem Abendspaziergang am Strand, zu dem sie nach dem Abendessen alleine aufgebrochen war, spürte Anna eine große Traurigkeit in sich aufsteigen. Sie erkannte, dass sie unter den Spannungen zwischen ihr und Alex schon länger gelitten hatte. Die frühere Unbeschwertheit war in den vergangenen Jahren durch die gemeinsame Verantwortung für das Büro einer ständigen Anspannung gewichen. Was hatten sie früher zusammen gelacht! Jetzt schienen sie immer häufiger wegen Bagatellen aneinanderzugeraten. Schmerzhaft spürte sie nun den Verlust der früheren Nähe und Vertrautheit.

Indem wir die Verletzung wahrnehmen und den dadurch ausgelösten Schmerz zulassen, öffnen wir uns der Traurigkeit und geben dieser Raum in unserem Herzen. Mit der Traurigkeit geht die Erkenntnis einher, dass etwas geschehen ist, das nicht mehr zu ändern ist. Wir machen uns bereit, den Verlust anzunehmen und uns den Auswirkungen zu stellen, die die Verletzung für unser Leben hat. Vielleicht wurden wir bloßgestellt, beschämt, oder unser Selbstwertgefühl wurde verletzt. Vielleicht wurden wir schwer enttäuscht und haben einen einstmals geliebten Menschen verloren. Wir haben allen Grund der Welt, darüber traurig zu sein. Was wir jetzt brauchen, ist Mitgefühl mit uns selbst.

Die Trauer ist eine wichtige Phase auf dem Weg

der Vergebung. Oft geben wir ihr nicht genügend Raum, weil wir Selbstmitgefühl mit Selbstmitleid verwechseln und weil wir immer so stark erscheinen wollen. Teilen Sie Ihre Traurigkeit mit Menschen, denen Sie vertrauen. Schütten Sie Ihr Herz aus. Weinen Sie sich an der Schulter einer guten Freundin oder eines guten Freundes aus. Gestatten Sie sich, traurig zu sein. Mittels Ihrer Traurigkeit erhalten Sie Zugang zu dem Gefühl der Liebe, das aller Verletzung zugrunde liegt. Die Traurigkeit gibt uns die Freiheit zurück, zu lieben. Und sie ermöglicht es, zur ursprünglichen Unversehrtheit unseres Herzens zurückzufinden.

Die Traurigkeit fließen lassen

Die Traurigkeit will nicht nur erkannt, sondern auch gelebt, befreit und erlöst werden. Geben Sie ihr die Möglichkeit, sich ungehindert zu zeigen. Ziehen Sie sich dafür an einen Ort zurück, an dem Sie ungestört sind und von niemandem gehört werden. Hier können Sie in Kontakt kommen mit Ihrer Traurigkeit und diese ungehindert fließen lassen. Vielleicht möchten Sie lauthals klagen, wie dies die Klagefrauen in allen Kulturen taten, die damit ihren eigenen, aber auch den Schmerz der Menschen um sie herum zum Ausdruck brachten. Lassen Sie die Tränen fließen, jammern Sie, klagen Sie. Denn genau das ist es, was wir in unserem Leben so oft versäumen: der Trauer einen Ausdruck zu geben. Tun Sie dies so lange, bis Sie sich innerlich befreit und gelöst fühlen.

Weshalb wir manchmal besonders verletzlich sind

Wenn wir uns aufmerksam den Verletzungen in unserem Leben zuwenden, werden wir feststellen, dass wir in manchen Situationen besonders verwundbar sind, dass es Menschen gibt, die uns tiefgreifender verletzen können als andere, dass uns manche Kränkungen besonders heftig treffen und dass es Tage gibt, an denen wir dünnhäutiger und angreifbarer sind als an anderen. Gerade in stressigen Zeiten kränken uns die kleinen Ärgernisse oftmals mehr als nötig. Jeder von uns hat auch seine ganz eigenen sensiblen Bereiche, und so kann der eine von etwas verletzt werden, was an einer anderen spurlos vorübergeht. Besonders empfindsam sind wir in den Bereichen unseres Lebens, die für unser Selbstbild von zentraler Bedeutung sind, da unsere Identität darauf aufbaut. Wenn es für eine Frau ausschlaggebend ist, eine gute Mutter zu sein, kann sie bereits von der leisesten Andeutung, sich nicht gut um ihr Kind gekümmert zu haben, gekränkt werden. Eine andere, deren Identität darauf basiert, eine anerkannte Künstlerin zu sein, kann durch ein kritisches Wort über ihre Kunst nachhaltig verletzt werden.

Wenn Sie genau hinblicken, werden Sie die Bereiche erkennen können, in denen Sie besonders verwundbar sind. Das sind oft alte Wunden aus der Kindheit, die bereits bei der leichtesten Berührung ganz unvermittelt wieder aufreißen. Oft sind wir selbst vom Ausmaß des Schmerzes und von der Heftigkeit unserer Reaktion überrascht. Besonders empfindlich sind wir, wenn nahestehende Menschen in nicht verheilten Wunden stochern. Da sie unserem Herzen so nahestehen, können sie diesem auch die schwersten Verletzungen zufügen.

Manchmal kann uns bereits ein unachtsames Wort zur falschen Zeit verletzen. Oder der andere hat etwas vergessen, was einem selbst sehr wichtig ist. Durch Unachtsamkeit und Vergesslichkeit, durch die falsche Einschätzung der Situation und persönlicher Befindlichkeiten entstehen die meisten Kränkungen im Alltag. Diese gilt es zu trennen von Verletzungen aus Absicht oder gar Böswilligkeit. Indem wir eine »alltägliche Versöhnungskultur« pflegen, wozu die Theologin Melanie Wolfers aufruft, zeigen wir unsere Bereitschaft, mit den kleineren und unvermeidbaren Kränkungen des Lebens umzugehen.

Eine alltägliche Versöhnungskultur pflegen

Dazu gehört, nicht immer alles, was einem widerfährt, so tierisch ernst und persönlich zu nehmen. Sich nicht selbst als den Nabel der Welt zu begreifen und fünfe auch mal grade sein zu lassen. Anderen Menschen mit einem Grundwohlwollen zu begegnen und nicht davon auszugehen, dass sie einem Böses wollen. Vielleicht hatte der andere einfach einen schlechten Tag, oder wir selbst sind heute besonders dünnhäutig. Indem wir anderen einen Vertrauensvorschuss geben und verschiedene Erklärungsmöglichkeiten erwägen, können wir Kränkungen besser einordnen. Mit etwas Abstand betrachtet, vielleicht auch auf Nachfrage, stellen wir dann häufig fest, dass es gar nicht so gemeint war, wie es im ersten Moment bei uns ankam. Indem wir die kleineren Alltagskränkungen nutzen, um Vergebung zu kultivieren, üben wir zugleich für die größeren Verletzungen, die uns das Leben nicht ersparen wird. So gesehen stellen die zahlreichen kleinen Alltagskränkungen ein gutes Übungsfeld dar, um ein friedliches Miteinander einzuüben.

2

Hindernisse auf dem Weg der Vergebung

»Verzeihen ist die schwerste Liebe.«
Albert Schweitzer

Falsche Vorstellungen von Vergebung

Wir machen uns häufig falsche Vorstellungen von dem, was Vergebung ist. Das erschwert den Prozess der Vergebung bereits im Vorfeld unnötig. So wird Vergeben gerne mit Vergessen verwechselt. Wir versuchen dann, die erlittene Kränkung gewaltsam aus unserer Erinnerung zu streichen und jeden Gedanken daran zu vermeiden.

»Das ist doch Schnee von gestern«, raunen wir uns ungeduldig zu, wenn eine Erinnerung schmerzhaft in uns aufflackert. Oft sind es auch uns nahestehende Menschen, die dazu raten, endlich einen Strich unter die Sache zu ziehen und Gras darüber wachsen zu lassen. Doch gerade unter dem Gras wuchern Kränkungen wild weiter und wachsen sich zu Groll und Bitterkeit aus. Deshalb gilt es an dieser Stelle noch einmal ganz klar zu betonen: *Vergeben heißt nicht vergessen! Ganz im Gegenteil: Für den Prozess der Vergebung ist es wichtig, sich an das zu erinnern, was geschehen ist.* Denn dann können wir auch darüber entscheiden, *wie* wir uns an die Verletzung erinnern wollen und wie wir die Erinnerung daran in unser Leben einordnen wollen. Wollen wir sie zum Anlass für Rachegedanken, für Wut und Resignation machen? Oder entscheiden wir uns dafür, das erfahrene Unrecht zum bestmöglichen Wohl für uns und andere zu verarbeiten?

Verzeihen heißt auch überhaupt nicht, schwach zu sein. Mitunter meinen wir, wir müssten unsere Stärke unter Beweis stellen, indem wir unversöhnlich bleiben. Dabei erfordert gerade die Vergebung ein hohes Maß an Stärke und Willenskraft. Das schließt auch gar nicht aus, die eigenen Grenzen aufzuzeigen und deutlich zu machen, dass eine erneute Grenzüberschreitung nicht geduldet wird. Große Männer wie Mahatma Gandhi, Martin

Luther King und Nelson Mandela sind der Beweis dafür, dass die Fähigkeit zur Vergebung ein starkes Signal ist, das die Welt verändert.

Menschen, denen schweres Unrecht zugefügt wurde, befürchten nicht selten, dass ihre Vergebung als Freispruch für den Täter gewertet werden könnte. Doch innere Aussöhnung heißt nicht, auf Gerechtigkeit verzichten zu müssen. Es ist sehr wohl möglich, einem Menschen zu vergeben und ihn wegen seiner Vergehen vor Gericht zu bringen. An dieser Stelle ist es wichtig, zwischen Vergebung und Versöhnung zu unterschieden. Auch wenn sie im Idealfall gemeinsam auftreten, so erfordert Vergebung nicht die Versöhnung mit dem Verursacher der Verletzung. Vergebung ist ein innerseelischer Prozess, den wir mit uns selbst ausmachen. Versöhnung hingegen ist ein zwischenmenschlicher Prozess, der die Beziehung zwischen zwei Menschen heilen und damit einen Neuanfang ermöglichen kann.

Gerade in christlichen und spirituellen Kreisen haben Vergebung und Versöhnung einen hohen Stellenwert und werden gerne mit Nachsicht und Milde verwechselt. Menschen geraten daher häufig unter Druck, gute Miene zum bösen Spiel zu machen und anderen lächelnd zu vergeben, bevor sie innerlich überhaupt dazu bereit sind. Doch die

Seele hat ihre eigene Zeit. Und jede Verletzung braucht ihre Zeit, um zu heilen. Diese zu übergehen führt nur dazu, dass der unerlöste Schmerz über die Kränkung in den Untergrund geht und sich dort zu Bitterkeit und Groll auswächst.

Machen Sie sich daher an dieser Stelle bewusst: Sie haben für den Weg, auf den Sie sich nun machen, alle Zeit der Welt. Sie brauchen sich nichts abzuverlangen, wozu Sie innerlich noch nicht bereit sind. Lassen Sie sich auf Ihrem Weg der Vergebung von den Worten des weisen Salomon geleiten, der sagte: »Ein Jegliches hat seine Zeit, und alles Vorhaben unter dem Himmel hat seine Stunde.« (Pr 3,1)

Wenn die Gedanken um die Verletzung kreisen

Anna ertappte sich in den nächsten Tagen dabei, dass sie nicht damit aufhören konnte, über das Geschehene nachzugrübeln. Nachts lag sie wach und malte sich aus, wie sie in der Situation hätte besser reagieren können. Und tagsüber war ihr, als ob Alex' Worte ihr wie dunkle Wolken die gemeinsamen Sommertage verdüsterten.

Wir alle haben bereits ähnliche Situationen erlebt, in denen verletzende Worte uns unerbittlich in ihren Sog zogen. Unsere Gedanken kreisen unablässig um das, was geschehen war. Wieso hat der andere mir das angetan, fragten wir uns aufgebracht. Zunehmend machten sich negative Gedanken in uns breit, bis es uns immer weniger gelang, auf die positiven Seiten des Lebens zu blicken.

Was in solch einer Situation eine erste Erleichterung verschaffen kann, ist, etwas Abstand zwischen sich und der belastenden Gedanken zu schaffen. Dabei geht es nicht darum, diese loszuwerden oder einfach auszuschalten, sondern sie zu beobachten und als belastend wahrzunehmen. Da unsere Gedanken darüber entscheiden, wie wir das Leben interpretieren, ist es wichtig, um diese Gedanken zu wissen und sich zugleich die Fähigkeit anzueignen, einen gewissen Abstand von ihnen zu gewinnen. Denn wir sind häufig so stark mit unseren Gedanken identifiziert, dass wir sie für die Realität halten und dabei vergessen, dass sie nur unsere persönliche und sehr subjektive Sicht der Dinge widerspiegeln. Im Umgang mit Gedanken empfiehlt es sich daher, immer mal wieder selbstkritisch zu fragen: Stimmt das wirklich, was ich gerade denke? Woher nehme ich die Gewissheit, dass ich in der Einschätzung der Situation richtigliege?

Gedanken kommen und gehen lassen

Die Achtsamkeitspraxis rät dazu, sich eine Beobachterposition im Umgang mit den eigenen Gedanken anzueignen. Dieser Schritt der Distanzierung wird als sehr erleichternd und befreiend erlebt, denn er ermöglicht es uns, vom ständig kreisenden Gedankenkarussell abzusteigen.

Begeben Sie sich für diese Meditation an einen ruhigen Ort. Setzen Sie sich aufrecht hin und nehmen Sie einige bewusste Atemzüge. Stellen Sie sich nun vor, dass Sie vor einer leeren Leinwand sitzen, die eigens für Ihre Gedanken aufgestellt wurde. Laden Sie all Ihre Gedanken dazu ein, sich auf dieser Leinwand zu zeigen. Lassen Sie diese wie einen Film an sich vorüberziehen. Schauen Sie zu, welches Spektakel diese veranstalten, welche Dramen sie inszenieren, wie hartnäckig sie sich in den Vordergrund schieben, wie leinwandfüllend manche erscheinen und wie flüchtig sie letztlich doch alle sind. Sie kommen und gehen und haben keine Substanz. Nehmen Sie einfach nur wahr, beobachten Sie interessiert, wie Ihre Gedanken kommen und dann von selbst wieder weiterziehen. Identifizieren Sie sich nicht mit ihnen, verlieren Sie sich nicht in ihnen. Indem Sie in der Position des achtsamen Beobachters bleiben, nehmen Sie den Gedanken die Macht über sich.

Wenn sich der Groll
im Herzen eingenistet hat

»Kannst du nicht aufpassen?«, schrie Anna ihre Tochter aufgebracht an, als diese ihr beim gemeinsamen Ballspiel versehentlich den Ellenbogen in die Rippen stieß. Auch wenn sie es danach bereute, musste Anna doch zugeben, dass das Verhalten der Kinder sie in diesen Tagen viel schneller mit Ungeduld und Ärger erfüllte als sonst.

Wenn wir mit einer Verletzung nicht fertigwerden, nistet sich diese als Groll und Ärger in unserem Herzen ein und wird zu einer Quelle der Bitterkeit. Das Leben verdüstert sich, wir nehmen unsere Umwelt zunehmend als negativ wahr, und unsere Beziehungen werden von Misstrauen überschattet. Wir wollen unser Herz vor weiteren Verletzungen schützen, verhärten es gegen mögliche Angriffe und verlieren zusehends an Freude und Leichtigkeit. Nicht von ungefähr belegen medizinische Studien, dass Unversöhnlichkeit sich auf das Herz schlägt und zu ernsthaften Herzproblemen führen kann.

Solange wir diese Beziehungswunden nicht heilen, geben wir den Schmerz darüber unbewusst oder auch bewusst an andere weiter und kreieren dadurch neues Leid. Unverarbeitete Verletzungen binden uns wie eine Kette an das Vergangene, wir werden sie nicht los und tragen sie mit uns, wo immer wir auch hingehen. Immer wieder kreisen unsere Gedanken um die Kränkung und bleiben damit auch an den Verursacher der Kränkung gebunden. Wir tragen dem anderen etwas nach und tragen selbst doch am schwersten daran. Und während wir in Gedanken in der Vergangenheit festhängen, zieht unser gegenwärtiges Leben ungelebt an uns vorüber.

Wenn der Wunsch nach Vergeltung das Herz besetzt

Alex schien die Szene im Auto schon längst vergessen zu haben. Anders Anna. Immer wieder spürte sie im gemeinsamen Alltag den Ärger darüber in ihr aufflammen. Und sie rächte sich mit kleinen verbalen Attacken, wann immer sie konnte. Meist erkannte sie erst hinterher, wie scharf ihr Ton und ihre Reaktion gewesen waren. Als Alex beim gemeinsamen Drachensteigen mit den Kindern stürzte und sich das Knie aufschlug, war ihr erster Gedanke: »Das geschieht ihm recht!« Gleich darauf machten sich Schuldgefühle in ihr breit, und sie eilte los, um Verbandsmaterial zu holen.

Den Wunsch, sich nach einer Verletzung zu rächen, hat jeder schon einmal verspürt. Und wer kennt nicht das Gefühl der Genugtuung, das sich einstellt, wenn wir in unserer Fantasie die Möglichkeiten der Rache genüsslich durchspielen. Rachegedanken sind eine natürliche und archaische Reaktion auf Demütigungen. Unsere Grenzen wurden überschritten oder gewaltsam eingerissen, und wir wollen diese nicht nur wieder aufrichten, sondern zugleich auch die Grenzen des Gegenübers attackieren. Soll er doch mal spüren, wie sich das anfühlt! Wir wollen es dem anderen heimzahlen, ihm eine Lektion erteilen, um eine Wiederholung ein für alle Mal auszuschließen. »Rache ist süß«, sagen wir dann und zitieren gerne aus dem Alten Testament: »Aug um Aug, Zahn um Zahn«. Doch Rache ist alles andere als süß, sie schmeckt bitter und macht uns böse, wir werfen mit Steinen um uns, und am Ende sind alle blind.

Was Rache und Vergeltung anrichten können, führen uns die gewaltsamen Konflikte in der Welt vor Augen, in denen meist völlig Unschuldige zu Opfern werden. Sie lehren uns, dass Vergeltung den Schmerz nicht heilt, sondern nur zu noch mehr Verletzungen, Schmerz und Leid führt. Unsere Rachegefühle sind gefährliche Sprengsätze und führen zu unkontrollierten Rachegelüsten, die wir in unserem persönlichen Leben häufig an Unschuldigen auslassen: am neuen Partner, den Kindern, Freunden und Arbeitskollegen. Der Teufelskreis von Verletzung und Vergeltung wird so ständig neu angeheizt und kreiert neue Konfliktherde.

Dem Drang nach Vergeltung liegt jedoch der durchaus berechtigte Wunsch nach Gerechtigkeit zugrunde. Wir wollen einen Ausgleich herstellen, eine Wiedergutmachung erwirken für das, was uns widerfahren ist. Und mehr als alles andere hoffen wir darauf, dass der andere sein Unrecht einsieht und uns um Vergebung bittet. Denn ja, wir verdienen Gerechtigkeit. Und das Eingeständnis, dass uns Unrecht getan und Leid zugefügt wurde. Wenn der Betreffende seine Schuld nicht eingestehen will oder kann, kann es sehr hilfreich sein, sich einen Stellvertreter, einen vertrauten Menschen oder Therapeuten zu suchen, der einem sagt: »Ja, dir ist Unrecht zugefügt worden. Es tut mir leid.« Diese Worte aus dem Mund eines anderen Menschen werden als sehr tröstend und heilend erlebt. Manche Menschen haben ihr ganzes Leben darauf gewartet. In ihnen liegt der heilende Moment von Familienaufstellungen oder therapeutischen Sitzungen.

Vorbilder der Vergebung suchen

Manchmal stecken wir in einer Situation fest, die unsere Kräfte zu überfordern scheint. Dann ist es gut, Vorbilder zu haben, Menschen, die den Weg vor uns gegangen sind und uns durch ihr Beispiel Kraft und Mut geben können.

Ziehen Sie sich mit Ihrem Tagebuch und einem Stift an einen ruhigen Ort zurück. Schließen Sie die Augen und fragen Sie sich: Wer ist im Hinblick auf Vergebung ein Vorbild für mich? Wer hat mich Wichtiges gelehrt? Vielleicht erscheinen Menschen aus Ihrer Kindheit und Jugend, die Ihren Lebensweg entscheidend geprägt haben. Manchmal sind es Familienmitglieder oder Freunde, die Ihnen wichtige Lektionen zur Vergebung mit auf den Weg gegeben haben. Vielleicht treffen Sie auch auf große Persönlichkeiten aus der Weltgeschichte.

Visualisieren Sie ein Zwiegespräch mit dem Menschen, der sich Ihnen zeigt. Fragen Sie diesen: Was würdest du an meiner Stelle tun? Wie kann ich zu Frieden in meinem Herzen finden? Hören Sie gut hin, welche Antworten Sie erhalten. Vielleicht bitten Sie einen dieser Menschen, Sie auf Ihrem Weg der Vergebung zu begleiten. Suchen Sie die Nähe zu Menschen, die Sie auf Ihrem Weg inspirieren und ermutigen. Lesen Sie Bücher oder schauen Sie sich Filme von Menschen an, die Vergebung vorgelebt haben. Im Literaturverzeichnis dieses Buches finden Sie einige Biografien von beeindruckenden Persönlichkeiten wie Nelson Mandela, Martin Luther King oder dem Dalai-Lama.

Wenn Vertrauen zerstört wurde

Schwere Verletzungen können dazu führen, dass wir uns von anderen Menschen zurückziehen. Da unser Selbstwertgefühl angeschlagen ist, verlieren wir auch das Vertrauen in andere. Wir wollen uns vor weiteren Angriffen in Sicherheit bringen. Ein durchaus verständlicher Wunsch, sich zu schützen. Doch nicht selten errichten wir Barrikaden um uns herum und richten uns noch ganz wohnlich ein in unserem Grollwinkel. Misstrauisch beäugen wir hinter diesem die Welt und fordern von unserer Umwelt Schonung und Mitleid. Wir fühlen uns im Recht und merken gar nicht, dass wir zunehmend selbstgerecht werden. Denn für uns steht fest: Es sind allein die anderen, die an der Misere schuld sind. Mitunter kann die Verletzung so zu einem gehüteten Schatz werden, der dem eigenen Leben Inhalt und Bedeutung verleiht. Und sie wird zum Vorwand, um sich den Unwägbarkeiten des Lebens nicht mehr ausliefern zu müssen. Bloß kein Risiko eingehen, bloß nichts Neues mehr wagen! Wir verharren hinter den Mauern, die wir schützend um unser Herz errichtet haben. Doch wo kein Schmerz mehr hinkommt, dort ist auch kein vitales Leben mehr möglich. Wir sitzen in unserem selbst gebauten Gefängnis in der Falle. So kann aus einem einst optimistischen und positiven Menschen ein zynischer werden, dessen Weltsicht das eigene Leben und das der Menschen um ihn herum verdüstert.

Verlorenes Vertrauen kann jedoch wieder nachwachsen. Deshalb ist es gerade nach erlittenen Verletzungen so wichtig, sich den Beistand anderer Menschen zu suchen, sich ihnen zu öffnen und anzuvertrauen, um wieder positive Erfahrungen zu machen. Gute Freunde und tragende Familienbande sind Gold wert. Wir alle brauchen Menschen, denen wir uns mit all unserer Verletzlichkeit und Hilflosigkeit zeigen können. Angenommen zu werden, so wie wir sind, ist ein entscheidender Schritt zur Heilung der erfahrenen Verletzung. Dann können wir uns auf den Weg der Vergebung machen. Denn Vergebung heißt Aufbruch. Den Schutz hinter sich lassen. Vertrauen ins Leben fassen. Nach vorne gehen und dem Leben und den Menschen eine neue Chance geben. Vergebung öffnet der Zukunft die Tür und reißt die Mauern ein, die wir um unser Herz errichtet haben.

Das Herz öffnen

Indem wir unser Herz öffnen, machen wir uns bereit zur Vergebung. Hierfür ist die Herzatmung sehr hilfreich.

Begeben Sie sich hierfür in eine für Sie angenehme Meditationshaltung. Atmen Sie einige Male ruhig ein und aus, bevor Sie Ihre Aufmerksamkeit auf Ihre Herzregion richten. Vielleicht gelingt es Ihnen, Ihr Herz zu visualisieren. Lächeln Sie ihm zu und danken Sie ihm für seine großartige Arbeit, die es für Sie leistet.

Beginnen Sie nun mit der Herzatmung, indem Sie visualisieren, wie Sie beim Einatmen tief in Ihr Herz atmen und beim Ausatmen den Atem aus Ihrem Herzen fließen lassen. Bleiben Sie mindestens zehn Minuten bei dieser Atmung. Immer dann, wenn Ihre Aufmerksamkeit abschweift, richten Sie den Atem behutsam zurück auf Ihr Herz. Vielleicht spüren Sie einen Druck oder eine Spannung im Herzen, vielleicht kommen auch unangenehme Gefühle in Ihnen hoch. All diese Empfindungen sind Ausdruck dafür, dass sich die Blockierungen lösen und Ihr Herz sich zu öffnen beginnt. Es mag hilfreich sein, wenn Sie Ihre Hände tröstend auf Ihr Herz legen und dabei sanft weiteratmen. Vielleicht möchten Sie sich beim Einatmen auch ein goldenes Licht vorstellen, das Sie in Ihr Herz aufnehmen. Bald schon werden Sie spüren, wie sich Ihr Herz weitet und öffnet. Schließen Sie die Übung mit einem Dank an Ihr Herz ab.

Wenn wir uns selbst nicht vergeben können

»Ich war doch nie gut genug für dich! Nie hast du mich so akzeptiert, wie ich bin. Immer sollte ich so sein, wie du mich haben wolltest!« Anna erinnerte sich nur zu gut an die zornigen Worte, die sie ihrer Mutter bei ihrem letzten Besuch vor einem Jahr entgegengeschleudert hatte. Diese hatte sie mal wieder schroff kritisiert, anstatt Verständnis für ihre Lebenssituation aufzubringen. Wutentbrannt und Türen schlagend hatte Anna damals das Haus verlassen. Eine Woche später war ihre Mutter tot. Ihr unerwarteter Herztod traf Anna schwer. Zumal sie keine Gelegenheit mehr gehabt hatte, mit ihrer Mutter zu sprechen und sich bei ihr zu entschuldigen. Sobald sie an ihre Mutter dachte, wurde sie von Selbstvorwürfen erfüllt. Und obwohl Anna wusste, dass ihr Tod nichts mit ihrem Streit zu tun hatte, so fühlte sich doch ein Teil von ihr schuldig und mitverantwortlich.

Sich selbst zu verzeihen ist eine der schwersten Übungen auf dem Weg der Vergebung. Oft fällt es uns noch schwerer, uns selbst zu vergeben als anderen. Wir machen uns Selbstvorwürfe, und Schuldgefühle legen sich lähmend auf uns. Dies wirkt sich nicht nur schädlich auf unser eigenes

Leben, sondern auch auf das der Menschen um uns herum aus. Machen Sie sich daher bewusst: Jeder Mensch verdient Vergebung – auch Sie selbst!

Das bedeutet, sich der Wahrheit zu stellen, die Verantwortung für das, was wir gesagt haben, zu übernehmen und aufrichtig zu bereuen, was wir getan haben. Als besonders schwierig gestaltet es sich, Frieden mit der Vergangenheit zu schließen, wenn der Mensch uns sehr nahestand und nicht mehr am Leben ist. Können wir von Verstorbenen Vergebung erhoffen? Auch wenn sie uns diese nicht mehr persönlich gewähren können?

Anna erkannte, dass sie es seit dem Tod ihrer Mutter vermieden hatte, mit Alex in einen offenen Konflikt zu geraten. Lieber steckte sie seine verletzenden Worte schweigend ein, als ihm ihren Zorn zu zeigen. Die Schuldgefühle gegenüber ihrer verstorbenen Mutter beeinflussten ihr Verhalten anderen gegenüber. Insgeheim befürchtete sie, dass sie auch diese durch ihre wütenden Worte verlieren könnte. Anna erkannte, dass es an der Zeit war, zu einer inneren Aussöhnung mit ihrer Mutter zu finden. Sie beschloss, sofort nach ihrer Rückkehr das gerahmte Bild ihrer Mutter, das sie nach deren Tod in einer Schublade verstaut hatte, wieder gut sichtbar ins Regal zu stellen. Und sie entschloss sich dazu, in einem Ritual ihre verstorbene Mutter um Vergebung zu bitten.

Einen Menschen aus der Vergangenheit um Vergebung bitten

Ziehen Sie sich für dieses Ritual an einen ruhigen und ungestörten Ort zurück und nehmen Sie sich dafür so viel Zeit, wie Sie brauchen. Schließen Sie die Augen und atmen Sie einige Male bewusst in Ihr Herz hinein. Vielleicht möchten Sie Ihr Herz darum bitten, nun mit Ihnen eine Reise in die Vergangenheit anzutreten und dabei den Menschen zu begegnen, die für Ihren Lebensweg wichtig sind oder waren. Fragen Sie sich auf dieser inneren Reise: »Gibt es Menschen, die ich verletzt und bei denen ich es versäumt habe, sie um Vergebung zu bitten? Gibt es Begebenheiten in meinem Leben, die ich nicht aufgelöst habe und die mir heute noch schwer auf dem Herzen liegen?«
Wenn ein Mensch vor Ihrem inneren Auge erscheint, auf den dies zutrifft, dann fragen Sie ihn, ob er Ihnen etwas mitteilen möchte. Hören Sie ihm aufmerksam zu. Gut möglich, dass er ärgerlich, zornig, verletzt oder traurig ist. Nehmen Sie diese Gefühle in Ihr Herz und lassen Sie sie auf sich wirken. Was löst dies in Ihnen aus? Welche Gedanken und Empfindungen kommen in Ihnen hoch? Verspüren Sie den Wunsch, den anderen um Vergebung zu bitten? Dann tun Sie dies mit den Worten, die in Ihnen aufsteigen. Vielleicht mögen Sie das Heilritual auch mit

einer Geste abschließen und sich mit aneinandergelegten Händen vor dem anderen verneigen.

Es ist gut möglich, dass Sie nach dem Ritual den Wunsch verspüren, sich bei dem betreffenden Menschen, wenn er noch lebt, auch persönlich zu entschuldigen. Vielleicht möchten Sie einen Brief schreiben. Folgen Sie diesem Impuls, wenn Sie ihn sorgsam in Ihrem Herzen geprüft haben und er Ihnen als richtig erscheint. Wenn der Mensch bereits verstorben ist, können Sie ihn um Verzeihung bitten, indem Sie eine Kerze für ihn anzünden oder Blumen an sein Grab bringen.

....

3

Hilfreiche Methoden im Umgang mit Verletzungen

»Vergebung ist keine einmalige Sache.
Vergebung ist ein Lebensstil.«
Martin Luther King

Selbstmitgefühl aktivieren

»Tu dir was Gutes! Sei nicht so streng mit dir!«, hatte Annas beste Freundin Silke ihr geraten, als sie dieser am Telefon von ihren verletzten Gefühlen erzählt hatte. Ein kluger Rat! Denn ein wichtiger Schritt auf dem Weg der Vergebung ist die Bereitschaft, gut zu sich selbst zu sein und sich freundschaftlich und tröstend zur Seite zu stehen. Meist sind wir nämlich nicht nur auf den anderen wütend, sondern auch noch auf uns selbst.

»Wie konnte mir das nur passieren?«, fragte sich auch Anna anklagend. »Weshalb habe ich Alex nicht meine Grenzen aufzeigen können?« Die harschen Worte von Alex hatten ihr Selbstwertgefühl angeschlagen. Doch anstatt sich Trost und Mut zuzusprechen und sich wieder aufzubauen, ging sie in Gedanken unerbittlich mit sich selbst ins Gericht.

»Zuallererst Selbstmitgefühl!«, rät deshalb auch der Achtsamkeitslehrer und Harvard-Psychologe Christopher Germer bei Kränkungen. Denn genau das ist es, was wir als Erstes brauchen, wenn wir verletzt wurden. Behandeln Sie sich daher mit der gleichen Fürsorge, wie Sie eine gute Freundin behandeln würden. Und denken Sie daran: Wer mitfühlend mit sich selbst umgeht, kann auch die Schwächen und Fehler anderer leichter verzeihen. Wohlgemerkt: Es geht hier nicht um Selbstmitleid. Es geht nicht darum, sich als hilfloses Opfer eines übermächtigen Schicksals zu erleben und sich selbst zu bedauern. Selbstmitleid ist lähmend und nimmt uns jede Kraft zur Veränderung. *Selbstmitgefühl hingegen ist die Bereitschaft, fürsorglich und verständnisvoll mit sich umzugehen. Es ist die Fähigkeit, sich selbst in schweren Zeiten tröstend und ermutigend zur Seite zu stehen.* Neue Forschungsergebnisse zum Selbstmitgefühl belegen, dass Menschen, die gut für sich selbst sorgen, sich weitaus schneller von Lebenskrisen erholen, weniger zu Ängsten, Depressionen und Burn-out neigen und über mehr Selbstvertrauen verfügen. Erst eine gesunde Portion Selbstliebe verleiht uns offenbar die nötige Gelassenheit und innere Stärke für die Bewältigung des Alltags und befähigt uns dazu, unser seelisches Gleichgewicht auch in den Stürmen des Lebens nicht zu verlieren.

Gerade dann, wenn wir uns verletzt und angeschlagen fühlen, ist es wichtig, die eigenen Gefühle ernst zu nehmen und warmherzig, fürsorglich und rücksichtsvoll mit sich selbst umzugehen. Wäre es nicht großartig, wenn wir uns selbst eine beste Freundin sein könnten? Wenn wir gerade in schmerzhaften Zeiten auf uns bauen und darauf vertrauen könnten, dass wir uns liebevoll und schützend zur Seite stehen? Weshalb also nicht gleich jetzt damit beginnen? Indem Sie sich selbst zuvorkommend und mit Wertschätzung behandeln, mit einer freundlichen inneren Stimme mit sich sprechen, sich trösten und aufmunternd zulächeln. Schon ein Augenblick, in dem wir mitfühlend und liebevoll mit uns umgehen, kann der Kränkung ihre Macht über uns nehmen. Versuchen Sie es: Seien Sie gut zu sich!

Selbstmitgefühl aktivieren

Wenn Sie verletzt wurden, ist es erst einmal wichtig, gut für sich selbst zu sorgen. Denn Verletzungen schmerzen unser Herz. Und es braucht unseren Trost und unsere Fürsorge. Legen Sie hierfür beide Hände übereinander auf Ihr Herz. Spüren Sie die Wärme, die sich unter Ihren Händen ausbreitet. Erkennen Sie den Schmerz an: »Ja, das tut weh.« Und sprechen Sie sich selbst Trost zu: »Es wird alles wieder gut. Ich sorge gut für mich.«

Das Selbstbild überprüfen

Wer sich selbst sehr kritisch gegenübersteht und zur Selbstverurteilung neigt, fühlt sich durch kritische Worte anderer Menschen leicht gekränkt. Schließlich scheinen sie genau das zu bestätigen, was man bereits selbst über sich denkt. Die Urteile, die frühere Bezugspersonen über einen gefällt haben und die sich als Selbstzweifel im Inneren eingenistet haben, werden dadurch erneut getriggert.

»Du bist doch einfach zu nichts zu gebrauchen«, hatte Annas Mutter sie einmal wütend angefaucht, als sie vergessen hatte, ihre jüngere Schwester vom Kindergarten abzuholen. Ja, es stimmt, sie war als Kind verträumt gewesen und hatte sich häufig in die eigene Fantasiewelt zurückgezogen. Dann vergaß sie alles um sich herum. Das brachte ihre Mutter immer wieder zur Weißglut.

»Was trödelst du denn schon wieder herum?«, war einer ihrer häufigsten Vorwürfe. Heute noch klingen die harschen Worte ihrer Mutter in Anna fort und führen dazu, dass sie sich in Konfliktsituationen umgehend klein und schuldig fühlt.

Die Erfahrungen, die wir auf unserem Lebensweg gemacht haben, prägen entscheidend unser Selbstbild und unsere Sicht der Welt. Wer andere Menschen schon als Kind als bedrohlich und verletzend erleben musste, wird auch später anderen Menschen eine gewisse Vorsicht, vielleicht sogar tiefes Misstrauen entgegenbringen. Er wird ganz automatisch davon ausgehen, dass andere Menschen ihm nicht wohlwollend gegenüberstehen oder ihn gar absichtlich verletzen wollen. Genau diese Erwartungshaltung ist es dann auch, die uns dies immer wieder erleben lässt. »Selbsterfüllende Prophezeiung« nennt dies die Psychologie: Wir bringen in anderen durch unser Verhalten genau das hervor, was wir am meisten fürchten.

Wie wir uns von anderen Menschen behandelt fühlen, hat neben unserem Selbstbild auch viel mit unserem Menschenbild zu tun. Vertrauen wir anderen Menschen? Oder sind wir vor ihnen auf der Hut? Erwarten wir das Beste von ihnen oder befürchten wir das Schlimmste? Dass wir uns schneller angegriffen und verletzt fühlen, wenn wir unseren Mitmenschen nicht trauen, liegt auf der Hand. In jede Verletzung spielt also neben der Absicht dessen, der verletzt, auch die Gestimmtheit dessen, der verletzt wird, mit hinein. Manche Menschen scheint nichts aus ihrer Gemütsruhe und ihrer inneren Mitte zu reißen. Andere hingegen fühlen sich bereits von den geringsten Andeutungen tödlich verletzt.

Wer sich auf den Weg der Vergebung macht, ist daher gut beraten, am eigenen Selbstvertrauen zu arbeiten, damit das Vertrauen in andere wachsen kann. Indem wir das Vertrauen in unsere eigenen Kräfte stärken, wächst das Vertrauen in andere. Dann können wir zu einem optimistischen und positiven Menschenbild finden, Güte, Freundlichkeit und Mitgefühl kultivieren und der Vergebung den Weg bereiten.

Positives aufspüren

Was mögen Sie an sich selbst? Welche sind Ihre positiven Eigenschaften?

Schreiben Sie alles in Ihr Tagebuch. Und hören Sie erst dann damit auf, wenn Sie mindestens zwanzig positive Dinge an sich entdeckt haben!

Neue Perspektiven eröffnen

Wir neigen dazu, unsere Wahrnehmung der Welt für die einzig richtige zu halten. Deshalb beharren wir so oft auf unserer Sicht der Dinge, anstatt zu versuchen, Verständnis für die Situation der anderen aufzubringen. Oft nehmen wir die Ereignisse dadurch sehr viel ernster und persönlicher, als sie tatsächlich sind. Wenn jemand unfreundlich ist, dann beziehen wir dies umgehend auf uns selbst, anstatt in Betracht zu ziehen, dass dieser Mensch vielleicht Kummer hat, unter Stress steht oder ganz einfach schlecht geschlafen hat. Diese Tendenz, immer alles auf sich selbst zu beziehen, ist der Grund für viele unnötige Konflikte und Verletzungen.

Es ist in diesem Leben unvermeidbar, dass wir verletzt werden. Wie wir jedoch mit diesen Verletzungen umgehen, das liegt in unserer Hand. Und unsere Reaktion entscheidet darüber, wie tief die Verletzung geht und in welchem Ausmaß sie die Beziehung zum anderen fortan belastet.

Wenn es uns gelingt, in schwierigen Situationen erst einmal innezuhalten und uns zu fragen, welche verschiedenen Interpretationen und Erklärungen die Situation bietet, dann eröffnen sich uns mit den neuen Einsichten auch neue Handlungsmöglichkeiten. Die Fähigkeit, Perspektiven wechseln zu können, gilt daher zu Recht als eine Schlüsselkompetenz im Umgang mit Verletzungen. Üben Sie sich daher darin, schwierige Situationen in Ihrem Leben unter verschiedenen Blickwinkeln zu betrachten und sich möglichst viele Perspektiven und Handlungsoptionen zu eröffnen. Wenn wir das Geschehene nicht eindimensional erklären und nicht ausschließlich auf uns selbst beziehen, bleiben uns viele unnötige Verletzungen erspart. Unser Verständnis für andere wächst, und das zwischenmenschliche Konfliktpotenzial nimmt ab. Nicht von ungefähr erkannte der Dalai-Lama: »Je mehr

Perspektiven wir uns eröffnen können, desto glücksversprechender ist unser Leben.«

Sich neue Perspektiven eröffnen

Bei dieser Übung geht es darum, sich an eine Situation zu erinnern, in der Sie sich verletzt fühlten. Betrachten Sie diese unter den folgenden Gesichtspunkten und prüfen Sie danach, ob größeres Verständnis in Ihnen gewachsen ist und ob der Grad der Verletzung geringer geworden ist:

- Wie würde ein von mir geschätzter Mensch mit dieser Situation umgehen?

- Kann ich wirklich sicher sein, dass der andere mich verletzen wollte?

- Gibt es auch noch andere mögliche Interpretationen für sein Verhalten?

- Gibt es etwas, das mich die Situation lehren kann?

- Hat die Verletzung mit einem Gefühl zu tun, das ich aus meiner Vergangenheit kenne?

Den eigenen Anteil an der Verletzung erforschen

Dies ist zugegebenermaßen ein besonders unangenehmer Teil der Vergebungsarbeit. Denn natürlich ist es naheliegend, dem Verursacher der Verletzung die alleinige Schuld und Verantwortung zu geben. Letztlich jedoch gehören zu jeder Interaktion – und dazu zählt auch die Verletzung – mindestens zwei.

Und auch wenn derjenige, der Sie verletzt hat, als der aktivere Part des Geschehens erscheint, so kann es doch sehr erhellend sein, die eigene Rolle und sich selbst ins Blickfeld zu nehmen. Das bewahrt nicht nur vor Selbstgerechtigkeit und einseitigen Schuldzuweisungen, sondern eröffnet Ihnen zugleich auch Möglichkeiten der Selbsterkenntnis. Vielleicht hatten Sie zu hohe Erwartungen, vielleicht haben Sie sich im anderen Menschen getäuscht, vielleicht haben Sie Ihre Grenzen nicht frühzeitig genug aufgezeigt, vielleicht haben Sie Ihre eigenen Bedürfnisse zu lange hinuntergeschluckt, vielleicht haben Sie den anderen auch provoziert oder waren in der Situation besonders dünnhäutig.

Bei einem langen Spaziergang am Strand wurde Anna klar, dass die beiden letzten Jahre auch an ihr nicht spurlos vorübergegangen waren. Unter dem ständigen Zeitdruck und ihrem Versuch, Beruf und Familie unter einen Hut zu bringen, war sie in den letzten Monaten tatsächlich zunehmend schusselig und vergesslich geworden. Erst vor Kurzem hatte sie zwei Termine vergessen und damit wichtige Kunden fast verprellt. Alex hatte dann in langen Gesprächen mit den Kunden ihre Fehler wieder ausbügeln müssen. Durch ihre eigene Unzuverlässigkeit, das erkannte sie nun, hatte sie ihm noch mehr Verantwortung auf die Schultern geladen und den Druck, unter dem er sowieso schon stand, weiter erhöht.

Wer Verantwortung für den eigenen Anteil am Geschehen übernimmt, erlebt sich nicht mehr länger als hilflos und ohnmächtig, sondern signalisiert, dass er mit der Situation auch sein eigenes Leben wieder in Angriff nimmt. Die zentrale Frage dafür ist: »Möchte ich aus der passiven Opferrolle aussteigen und Mitverantwortung für das, was geschehen ist, übernehmen?« Die Bejahung dieser Frage ist hilfreich, um auf dem Weg der Vergebung weitergehen zu können.

An dieser Stelle gilt es jedoch auch ganz deutlich zu sagen: Es gibt Übergriffe, an denen der Täter die alleinige Verantwortung trägt. Dies gilt für

Verletzungen von Wehrlosen und Abhängigen, bei Missbrauch oder Sexual- und Gewaltdelikten. Die Opfer tragen an Übergriffen dieser Art keinerlei Schuld.

Dies zu erkennen und sich von Schuld- und Schamgefühlen zu befreien ist ein wichtiger Schritt in der Aufarbeitung von traumatisierenden Gewalt- und Sexualdelikten.

Ein heilsamer Brief

Ein sehr wirksames Mittel für mehr Verständnis ist das Verfassen eines Briefes aus der Sicht dessen, der Sie verletzt hat. Dies ermöglicht es, sich in den anderen einzufühlen und nach Beweggründen für sein Handeln zu suchen. Welche Gefühle hatte er? Bedauert er das Geschehene? Schließen Sie den Brief aus Sicht des anderen mit der Bitte an Sie selbst um Vergebung ab.

Lesen Sie den Brief am nächsten Tag erneut. Sie werden feststellen können, dass Ihr Verständnis für den anderen wächst.

In die Schuhe
des anderen schlüpfen

Auf ihrem Strandspaziergang wurde Anna klar, unter welchem Druck Alex seit der Eröffnung des gemeinsamen Architekturbüros stand. Eigentlich war er alles andere als ein ehrgeiziger Typ. Als sie ihn kennenlernte, verdiente er seinen Lebensunterhalt mit kleinen Auftragsarbeiten. Seine wirkliche Leidenschaft aber galt der Malerei. Oft zog er sich für Tage in die Natur zurück, um danach entspannt und glücklich mit farbenprächtigen Bildern zurückzukehren. Er hatte sich gerade für die Kunstakademie beworben, als sie erfuhren, dass sie ein Kind erwarteten. Um die Familie ernähren zu können, nahm Alex einen Job im Architekturbüro an. Bald darauf erhielt er von seinem wohlhabenden Vater einen großen Geldbetrag, um sich selbstständig machen zu können. Doch der damit verbundene Erfolgsdruck war groß. Alex hatte seitdem auch keine Zeit mehr zum Malen gefunden. Aus dem einst so entspannten Lebenskünstler, der mit seiner Leichtigkeit ihr Herz erobert hatte, war mehr und mehr ein vom Erfolg gejagter und unzufriedener Mann geworden.

Je mehr wir dazu bereit sind, die Gründe und Hintergründe für das verletzende Verhalten des anderen begreifen zu wollen, desto eher wird es uns möglich sein, Verständnis dafür aufzubringen. Beherzigen Sie die indianische Weisheit: *»Bevor du über einen Menschen urteilst, gehe drei Monde in seinen Mokassins.«* Und machen Sie sich bewusst: Wenn wir verletzt sind, können wir den anderen nur noch sehr eingeschränkt wahrnehmen. Wir sind zornig, gekränkt und ärgerlich. Und mit genau diesen Gefühlen blicken wir auf den anderen, der plötzlich alles Liebenswerte für uns verloren hat. Nicht nur sein Tun erscheint uns nun rücksichtslos und ungerecht, nein, ihn selbst nehmen wir als gefühllos und ungerecht wahr.

Wenn es uns hingegen gelingt, den anderen vor dem Hintergrund seiner Lebensgeschichte und im Hinblick auf seine aktuelle Lebenssituation wahrzunehmen, geben wir ihm und unserer Beziehung eine Chance. Dieser Blickwinkel mag Ihnen dazu verhelfen, Gründe für sein verletzendes Verhalten zu entdecken. Das heißt nicht, dass Sie sein Verhalten billigen oder rechtfertigen müssten. Es bewahrt Sie jedoch davor, ein Urteil über den Menschen selbst zu fällen. Deshalb ist es im Vergebungsprozess so wichtig, zwischen Handlung und Handelndem, zwischen der Verletzung und dem Menschen, der Sie verletzt hat, zu unterscheiden.

Das Leben des anderen

Es kann sehr aufschlussreich sein, einmal eine Geschichte über den Menschen zu schreiben, der einen verletzt hat. Vielleicht nehmen Sie sich hierfür die folgenden Fragen als Wegweiser:

- Was für ein Leben hatte der andere in seiner Kindheit?

- Was sind seine besten Eigenschaften?

- In welcher Situation befand er sich zu der Zeit, als er die Verfehlung beging?

- Was hat er anderen Menschen Gutes getan?

- Was macht ihn menschlich und liebenswert?

Empathie entwickeln, Mitgefühl empfinden

Empathie ist einer der zentralen Schlüssel für Vergebung. Sie ermöglicht es, sich in die Situation eines anderen Menschen einzufühlen und die Beweggründe für sein Handeln nachzuvollziehen. Denn je mehr wir bereit sind, die Hintergründe für das verletzende Verhalten anderer Menschen zu erforschen, desto eher können wir einen Funken des Verständnisses in uns entzünden. Stellen Sie sich vor, dass Sie in die Schuhe des anderen schlüpfen und die Welt aus seiner Sicht wahrnehmen. Versuchen Sie dabei, den anderen vor dem Hintergrund seiner Lebensgeschichte und seiner aktuellen Lebenssituation wahrzunehmen. Das ermöglicht es Ihnen, sich in ihn einzufühlen und zu fragen: Wie kam er dazu, mir Leid zuzufügen?

Oft sind es ja gerade die Menschen, die wir am meisten lieben, die unserem Herzen die schwersten Verletzungen zufügen. Menschen, die sich einst liebten, können so zu erbitterten Feinden werden. Denn verletzte Gefühle führen zu einem eingeschränkten Blick auf den anderen. Mit einem Schlag verliert dieser alles Liebenswerte, das er noch vor wenigen Minuten hatte. Erst wenn wir uns dazu durchrin-

gen, uns in die Gefühlswelt des anderen hineinzu-
versetzen, gelangen wir zu mehr Verständnis.

Machen Sie sich bewusst: Sie selbst tragen den
Schlüssel für Vergebung in der Hand! Vergebung
ist ein Akt der Stärke. Und ein Akt des Mitgefühls.
Sie befreit den, der sie gibt, und den, der sie empfängt. Vergebung macht Beziehung möglich. Wir
geben dem Leben und den Menschen eine neue
Chance, öffnen der Zukunft die Tür und tragen die
Schutzmauern ab, die wir um unser verletztes Herz
errichtet haben. Vergebung ist dann möglich, wenn
wir uns mitfühlend dafür entscheiden, auf das
Gute im Menschen zu blicken.

LIEBENDE-GÜTE-MEDITATION

Das Mitgefühl stärken

Diese aus dem Buddhismus stammende Meditation wird
auch Metta-Meditation genannt. Sie hat einen sehr heilenden Effekt auf unser seelisches Befinden. Wir beginnen
diese Meditation damit, mit einigen Atemzügen bei uns
selbst anzukommen. Dann richten wir die Aufmerksamkeit
auf uns und sprechen innerlich die folgenden Wünsche:
»Möge ich glücklich sein; möge ich beschützt sein.«
Damit aktivieren Sie Selbstmitgefühl, die Basis für Mitgefühl für andere. Wenn Sie die wärmende Wirkung spüren

können, können Sie als Nächstes Ihr Mitgefühl auf einen Menschen richten, der Ihnen nahesteht, und diesem wünschen: »Mögest du glücklich sein. Mögest du beschützt sein.«

Im nächsten Schritt können Sie sich dann dazu bereitmachen, Ihr Mitgefühl auf einen Menschen auszudehnen, der Ihnen geschadet oder der Sie verletzt hat. Gut möglich, dass Ihnen dies anfangs nicht leichtfallen wird und dass Sie innere Widerstände spüren. Doch versuchen Sie es trotzdem und wünschen Sie diesem Menschen: »Mögest du glücklich sein. Mögest du beschützt sein.« Wiederholen Sie diese Meditation in den nächsten Tagen. Sie werden feststellen können, dass sich Ihre innere Einstellung zu dem Menschen verändert und dass Verständnis und Güte in Ihnen wachsen.

Das Unerlöste in uns selbst

Vergebung heißt, immer auch ganz bewusst auf das zu schauen, was uns mit dem anderen verbindet: die gemeinsame Menschlichkeit. Mit dem Blick auf das, was uns gemeinsam ist, erinnern wir uns daran, dass auch wir anderen Menschen Unrecht zugefügt haben. Diese Bereitschaft weitet unsere Sichtweise. Jesus veranlasste einst mit den Worten »Wer ohne Schuld ist, der werfe den ersten

Stein« die Pharisäer dazu, die Steine fallen zu lassen, mit denen sie die Ehebrecherin steinigen wollten.

Wer unerschrocken in das eigene Herz blickt, wird in diesem auch etwas davon entdecken, was das Unrecht und die Ungerechtigkeit in der Welt fördert. »Es gibt einen Teil in jedem von uns, der es uns möglich macht, andere Menschen zu entwürdigen. Wir aber wollen diesen Teil in uns nicht anschauen und berühren«, erkannte der Zen-Meister Bernard Glassman, der an Orten großer Menschheitsverbrechen meditiert, um damit zur Heilung beizutragen. Das bedeutet für jeden von uns, sich an Situationen zu erinnern, in denen man selbst Täter war, andere Menschen ausgrenzte und rücksichtslos und ungerecht behandelte.

Erst wenn wir uns dieser Anteile bewusst werden, können wir sie daran hindern, unbemerkt ihr Unwesen in uns zu treiben. Wir befinden uns dadurch weit weniger in Gefahr, sie auszuleben.

Die ehrliche Innenschau ermöglicht uns darüber hinaus ein tieferes Verständnis von uns selbst und der menschlichen Seele, was zur Versöhnung mit dem anderen und zu einem Neuanfang der Beziehung entscheidend beitragen kann.

Was Vergebung bewirkt

Erinnern Sie sich an eine Situation in Ihrem Leben, in der Sie einen anderen Menschen verletzt oder jemandem Schaden zugefügt haben und von diesem Vergebung erfahren durften. Erinnern Sie sich so genau wie möglich an die Gefühle, die dies bei Ihnen auslöste. Was hat diese Vergebung in Ihrem Inneren und in Ihrem Leben bewirkt?

Auf den anderen zugehen

Am Abend vor ihrer Abreise saßen Anna und Alex am Strand. Sie hatten eine Flasche Wein geöffnet, die Kinder spielten mit ihren neuen Spielkameraden am Meer. Alex hatte in den vergangenen drei Tagen viel von seiner Angespanntheit verloren, und sie konnte in ihm wieder den liebenswerten und unbeschwerten Mann erblicken, in den sie sich einst verliebt hatte. Sie spürte, dass sie nun mit ihm über ihre verletzten Gefühle reden konnte. Sie erzählte ihm, was seine Worte bei ihr ausgelöst hatten und wie sie sich fühlte. Alex hörte ihr aufmerksam zu, ohne sich zu verteidigen oder zu widersprechen. Am Ende nahm er sie in den Arm und sagte: »Ich habe es nicht so gemeint, wie es geklungen hat. Ich war völlig überreizt. Es tut mir leid.«

Indem wir mit dem anderen sprechen, erlösen wir unsere Gefühle. Wir teilen ihm mit, was bislang in uns schwelte. Und wir geben damit der Beziehung eine neue Chance. In dem Gespräch zeigen wir uns mit all unserer Verletzlichkeit und befreien uns von der Last angestauter Gefühle. Wenn wir das Glück haben, dass der andere bereit ist, zuzuhören und sich zu entschuldigen, können wir das Vergangene abschließen. Wir schließen Frieden mit dem, was war, und erklären, dass nun keine alten Rechnungen mehr offen sind. Wir beginnen neu und geben uns, dem anderen und der gemeinsamen Zukunft eine Chance. Dies ist ein wichtiger Schritt auf dem Weg der Vergebung, denn er macht Versöhnung möglich. Oft geht die Beziehung daraus gestärkter und gereifter hervor.

Für ein Gelingen ist es wichtig, dass Sie die Kunst des rechten Augenblicks wählen. Dass Sie also nicht gerade dann das klärende Gespräch suchen, wenn der andere gestresst und ungeduldig ist. Seien Sie diplomatisch und wählen Sie einen günstigen Moment. Vermeiden Sie im Gespräch möglichst offene Vorwürfe gegen Ihren Gesprächspartner und hüten Sie sich vor Selbstgerechtigkeit.

Bevor Sie mit dem anderen die Vereinbarung treffen, dass die Vergangenheit nun ruhen kann, gehen Sie noch einmal aufmerksam in sich und fragen Sie sich, ob Sie für den Neubeginn noch etwas brauchen könnten. Vielleicht steht noch eine Erklärung Ihres Gegenübers aus, die Ihnen sein Verhalten besser begreiflich machen könnte. Scheuen Sie nicht davor zurück, darum zu bitten. Sie können ein deutliches Signal für den Neubeginn setzen, indem Sie sich für ein gemeinsames Ritual entscheiden, mit dem Sie das Alte abschließen und den Neubeginn symbolisch willkommen heißen.

Ritual des Neubeginns

Anna und Alex entschieden sich für ein gemeinsames Versöhnungsritual am Meer. Jeder von ihnen machte sich am Strand auf die Suche nach einem Stein, der für sie symbolisch für die vergangene Situation stand. Bevor sie diesen mit aller Kraft weit in das Meer hinauswarfen, gaben sie ihm mit ihren Worten alles mit, was sie an Ärger, Groll und Kränkung spürten. Damit machten Sie deutlich, dass Sie das Alte loslassen wollten, und besiegelten zugleich einen Neuanfang.

Sie können dieses Ritual des Neubeginns auch an Flüssen oder Seen durchführen. Ebenso können Sie sich für ein Feuerritual entscheiden und die gemeinsam niedergeschriebenen Gefühle von Wut und Groll symbolisch verbrennen. Oder Sie vergraben diese bei einem »Beerdigungsritual« tief in der Erde und übergeben diese damit symbolisch der ewigen Ruhe.

4

Die heilende Kraft der Vergebung

»Höher vermag
sich niemand zu heben,
als wenn er vergibt.«
Johann Wolfgang von Goethe

In diesem Kapitel begegnen Sie Menschen, denen es gelungen ist, schweres Leid und großes Unrecht, das ihnen zugefügt wurde, zu vergeben. Menschen wie die südafrikanischen Friedensnobelpreisträger Nelson Mandela und Desmond Tutu, die Shoah-Überlebenden Jehuda Bacon und Eva Mozes Kor sowie der friedfertige und versöhnungsbereite Dalai-Lama machen mit ihrem Beispiel deutlich, wie heilsam die Kraft der Vergebung ist und welch wichtigen Beitrag sie für ein friedliches Miteinander in der Welt leistet.

Von Gerechtigkeit und Würde

»Wenn uns ein Schaden zugefügt wurde, gewinnen wir unsere Würde zurück, indem wir die Geschichte erzählen. Ich glaube, das ist der schnellste Weg, um Frieden zu finden und vergeben zu können«, erkannte der südafrikanische Bischof und Bürgerrechtler Desmond Tutu, der für seinen unerschütterlichen gewaltlosen Widerstand gegen das südafrikanische Unrechtsregime 1984 den Friedensnobelpreis erhielt.

Um den Teufelskreis von Gewalt und Vergeltung zu unterbrechen und Versöhnung möglich zu machen, entschied sich die neue Regierung Südafrikas nach Abschaffung der Apartheid auf Anraten von Bischof Tutu zu einem bis dahin einzigartigen Experiment: der landesweiten Einrichtung von Versöhnungs- und Wahrheitskommissionen. Neu daran war, dass den Tätern Straffreiheit zugesichert wurde, wenn sie ihre Verbrechen öffentlich gestanden und Reue zeigten. Dadurch sollte verhindert werden, dass die Beschuldigten versuchten, ihre Schuld zu leugnen. Die Opfer des Apartheidregimes erhielten dadurch die Möglichkeit, vor die Täter zu treten und öffentlich zu bezeugen, was diese ihnen und anderen angetan hatten. Nichts sollte verschwiegen und verdrängt werden. Die Bevölkerung Südafrikas wurde dadurch mit der geballten Wahrheit über Folter, Verschleppung und Mord während der Apartheid konfrontiert.

»Vergebung erfordert, die Verbrechen laut auszusprechen und das Leid beim Namen zu nennen, das wir erlitten haben«, so Desmond Tutu. Die Versöhnungs- und Wahrheitskommissionen trugen damit der Erkenntnis Rechnung, wie wichtig es für die Opfer von Unrecht ist, dass die Wahrheit ans Licht gebracht wird und dass die Schuldigen ihre Taten öffentlich eingestehen. »Ohne Vergebung«, so das Resümee des Wegbereiters der Gewaltlosigkeit, »hätte es für Südafrika keine Zukunft gegeben.«

Die Größe des Menschseins

Die Geste sorgte weltweit für Aufsehen: Die Auschwitz-Überlebende Eva Mozes Kor trat im Gerichtssaal auf den ehemaligen SS-Mann Oskar Gröning zu und reichte ihm die Hand. Der 93-Jährige, angeklagt der dreihunderttausendfachen Beihilfe zum Mord, hatte vor Gericht seine moralische Mitschuld eingestanden und gesagt: »Ich bitte um Vergebung. Über die Frage der strafrechtlichen Schuld müssen Sie entscheiden.«

Doch kann ein solch ungeheuerliches Verbrechen überhaupt vergeben werden? Und wenn ja, wer ist dazu berechtigt? Die Ermordeten können es nicht mehr. Und so lastet die Frage nach Vergebung auf den Überlebenden des großen Mordens, auf denen, die nicht nur ihre Familien verloren haben, sondern die in den Lagern selbst geschunden und gepeinigt wurden. Eva Mozes Kor hat das Unvorstellbare getan. Sie hat vergeben. Und das nicht nur dem zur Reue bereiten Oskar Gröning. Bereits vor zwanzig Jahren vergab sie in einer öffentlichen Erklärung dem untergetauchten und weltweit gesuchten Lagerarzt Josef Mengele, der sie und ihre Zwillingsschwester als Kinder für grausame Menschenexperimente missbraucht hatte. Wie ist dies möglich, nach all dem, was ihr angetan wurde, fragen sich seither viele Menschen – die einen mit Bewunderung, die anderen mit Unverständnis.

»Bevor ich vergeben konnte, war ich ein wütender und unglücklicher Mensch«, sagt Eva Mozes Kor rückblickend über sich selbst. Wut und Verbitterung fesselten sie nicht nur an die Täter, die ihr Leid zugefügt hatten, sondern banden sie auch an die Vergangenheit und überschatteten ihre Gegenwart. Eines Tages jedoch erkannte sie: »Ich konnte nicht ändern, was geschehen war, aber ich konnte ändern, was ich darüber fühlte. Und dieser Gedanke, dass ich die Macht über das hatte, was mir in der Vergangenheit zugestoßen war, war für mich das Wichtigste und ist es noch. Wenn Leute sagen: ›Mengele und die Nazis verdienen keine Vergebung‹, sage ich: ›Das mag ja alles richtig sein, aber ich verdiene es.‹«

Mit ihrer bedingungslosen Vergebung löste die Shoah-Überlebende die Verstrickungen und negativen Bindungen zu den Tätern und erlangte die Deutungshoheit über ihr eigenes Leben zurück. Dies habe, so erklärt sie, ihrem Herzen Frieden gebracht: »Das Vergeben gibt einem Kraft, es heilt einen, befreit einen, und ich würde sogar so weit gehen, zu sagen, dass es das gebrochene Leben wieder zu einem Ganzen zusammenzusetzen hilft.«

Was uns alle verbindet

15 junge Menschen verloren bei dem Amoklauf des 17-jährigen Tim Kretschmer an der Realschule von Winnenden ihr Leben. Unter ihnen Gisela

Mayers Tochter Nan: »Mit Nan ist für uns eine ganze Welt gestorben«, sagt ihre Mutter. Um anderen Menschen ein solches Leid zu ersparen, gründete sie gemeinsam mit betroffenen Eltern das »Aktionsbündnis Amoklauf Winnenden«, eine Stiftung zur Gewaltprävention an Schulen.

»Der Täter hat uns eine Aufgabe gestellt. Eine Tat wie diese, von einem Menschen verübt, muss auch von Menschen wiedergutgemacht werden.« Mit ihrer Arbeit will Gisela Mayer dazu beitragen, frühzeitig zu erkennen, wenn junge Menschen aus Beziehungsnetzen herausfallen und in Gewaltfantasien abgleiten. »Tim Kretschmer war kein Monster«, sagt sie. »Er war Teil der menschlichen Gemeinschaft, der genau diese Gemeinschaft zerstören wollte, weil er ihr die Schuld für das eigene Leid gab.«

In der schonungslosen Auseinandersetzung mit dem eigenen Schmerz hat sich über die Jahre ihr Blick auf den Mörder ihrer Tochter verändert. »Ich kann heute seine Not und Verzweiflung erkennen und Mitleid für ihn empfinden«, sagt Gisela Mayer. Und sie nimmt ihn, der sich so radikal an der Menschlichkeit verging, mit ihren Worten wieder in die Gemeinschaft der Menschen auf: »Tim Kretschmer war schließlich einer von uns.«

Wir sind Menschen. Und wir sind fehlbar. Manche

mehr, manche weniger. Doch wir haben alle Anteil an der einen Menschheitsfamilie. Auch diejenigen unter uns, die sich mit ihrer Tat gegen die Menschheitsfamilie stellen. Das macht Gisela Mayer mit ihren Worten unmissverständlich deutlich. Und wer von uns könnte von sich behaupten, anderen Menschen noch kein Leid und Unrecht zugefügt zu haben? Auf dem Weg der Vergebung gestehen wir uns ein, dass auch wir bereits Täter waren. Wir erinnern uns an Situationen, in denen wir andere Menschen ausgrenzten und rücksichtslos behandelten. Dies bewahrt uns vor Selbstgerechtigkeit und Mitleidlosigkeit. Ja, wir Menschen sind komplexe und vielschichtige Wesen. Und wer heute Opfer ist, kann morgen schon Täter sein. Letztlich, so erkannte Bischof Desmond Tutu, benötigen wir alle Vergebung.

Der Verletzung einen Sinn verleihen

Als Kind überlebte er Theresienstadt und Auschwitz. Wer dem israelischen Maler Jehuda Bacon heute begegnet, ist von seiner Güte und Weisheit beeindruckt. In seinen Worten ist keinerlei Bitterkeit zu finden.

»Wenn ich hasse, hat Hitler gewonnen, dann hat er mich auch infiziert«, sagt Jehuda Bacon. Sein lebenslanges Anliegen ist es, das erfahrene Leid nicht zu verdrängen, sondern künstlerisch und menschlich zu verarbeiten und für etwas Positives zu transformieren. Denn: »Wer in der Hölle war, weiß, dass es zum Guten keine Alternative gibt.«

Als einer der ersten Überlebenden der Shoah suchte er das Gespräch mit Deutschen und stellte sich bereits in den 1950er-Jahren als Dialogpartner der »Aktion Sühnezeichen Friedensdienste« zur Verfügung. »Zu mir kamen viele jüngere Menschen, um mich zu fragen, ob ich ihnen verzeihen könne. Selbstverständlich dachte ich dabei auch immer an all die Menschen, die umgekommen sind, besonders an meine Eltern und meine Schwester. Was würden sie dazu sagen? Doch letztlich konnte nur ich selbst eine Antwort geben. Ich sagte mir, dass ich damit vielleicht etwas beitragen kann zu einem besseren Verständnis der Menschen untereinander.«

In seinen weltweit ausgestellten Gemälden trägt er diese auf Versöhnung ausgerichtete Haltung nach außen, die auf einer Verwandlung des Leides im Innen gründet. »Die Erfahrungen in den Konzentrationslagern sind Teil meines Lebens, und mein

Ziel war es, auch diese Erfahrungen in etwas Positives umzuwandeln. Ich versuchte, daran zu reifen, menschlich und auch in meinem künstlerischen Schaffen. Es ging mir darum, dem ganzen Leben – in meinem Fall war das auch Auschwitz – einen Sinn zu geben.«

Die Bereitschaft, sich beherzt einen Weg durch das Leid zu bahnen und sich mit dem eigenen Schicksal auszusöhnen, gilt in der Psychologie als eines der auffälligsten Merkmale seelisch widerstandsfähiger Menschen. Selbst schwere Verletzungen können ihr grundlegendes Vertrauen in das Leben nicht zerstören. Die erstaunliche Fähigkeit von Menschen, schmerzvolle Lebenserfahrungen nicht nur zu meistern, sondern gegen alle Wahrscheinlichkeit auch noch menschlich daran zu wachsen und zu reifen, ist in der Resilienzforschung als posttraumatisches Wachstum bekannt. Die Worte des Shoah-Überlebenden bezeugen dies: »Das Leid hat mich als Mensch vertieft.«

Menschen wie Yehuda Bacon wissen, dass wir die Vergangenheit zwar nicht mehr verändern können, doch unsere Einstellung ihr gegenüber. Und mehr noch: Sie sind davon überzeugt, dass wir selbst erlittenem Unrecht einen Sinn verleihen können. Denn auch wenn wir auf die meisten Dinge, die uns im Leben zustoßen, keinen Einfluss haben, so können wir doch darüber entscheiden, wie wir damit umgehen wollen.

Viele Menschen quälen sich verständlicherweise mit der Frage: »Warum nur ist mir dies geschehen?« Sie wühlen in der Vergangenheit, suchen bei sich selbst und bei anderen nach Gründen. Mitunter erhalten wir dadurch wichtige Antworten auf Fragen, die bislang noch im Dunkeln lagen.

Doch solange wir nach Erklärungen suchen, bleiben wir der Vergangenheit verhaftet. Neue Sichtweisen und Handlungsmöglichkeiten eröffnen sich uns dann, wenn wir uns die Frage zu stellen beginnen: »Was kann ich aus dem Erlittenen für mein weiteres Leben und das der anderen lernen?«

Daraus erwächst uns die Kraft, erlittene Verletzungen als Entwicklungs- und Transformationspotenzial zu begreifen. »Der Wille zum Sinn« nannte dies der Psychoanalytiker und Shoah-Überlebende Viktor Frankl, der erkannte: »Wenn wir eine Situation nicht mehr ändern können, sind wir aufgerufen, uns zu verändern.«

Vielleicht möchten Sie sich an dieser Stelle selbst fragen:

- Mit welchen Gefühlen hat mich die Verletzung konfrontiert?

- Was hat mir dabei geholfen, mit diesen Gefühlen umzugehen?

- Was habe ich durch die Verletzung gelernt?

- Zu welchen neuen Einsichten über mich bin ich durch die Verletzung gelangt?

- Hat die Verletzung meine Menschlichkeit vergrößert, mich vielleicht sogar verständnisvoller und reifer gemacht?

- Bin ich nachsichtiger mit anderen Menschen geworden?

- Wie stehe ich heute dem Menschen gegenüber, der mich verletzt hat?

Den göttlichen Funken
hüten

»Ich hörte sie meinen Namen brüllen. Meine früheren Freunde und Nachbarn – jetzt liefen sie mit Macheten durchs Haus und suchten nach mir ...«
Immaculée Ilibagiza erzählt in ihrem Buch *Aschenblüte,* wie sie inmitten eines der blutigsten Völkermorde der Menschheitsgeschichte ihr Vertrauen in Gott fand. Drei Monate versteckte sie sich gemeinsam mit sieben anderen Frauen in dem winzigen Badezimmer eines Geistlichen, während auf den Straßen vor dem Haus die Hutu auf Menschenjagd waren. Ihre Familienmitglieder und unzählige Freunde fielen den Massakern an den Tutsi zum Opfer. Einzig durch Immaculée Ilibagizas starken Glauben hatte sie die Kraft, die Angst vor Entdeckung und das Grauen der Massaker zu ertragen. Und nicht nur das: Der Glaube befähigte sie schließlich auch dazu, den Mördern ihrer Familie zu vergeben.

Heute sagt sie: »Die Liebe eines einzigen Herzens kann die ganze Welt verändern. Ich bin überzeugt, dass wir Ruanda – und unsere Welt – heilen können, indem wir jedes einzelne Herz heilen.«

Wer einen spirituellen oder religiösen Hintergrund hat, findet leichter einen Grund, zu vergeben. Denn die Beziehung von Ich und Du, so erklärt es der jüdische Religionsphilosoph Martin Buber, wird um eine dritte Dimension, das »Ewige Du«, erweitert. Es ist dieses dritte Element, das die verwandelnde Kraft der Transformation in sich trägt. Der Mensch weiß sich eingebunden und verbunden mit etwas, das weit größer ist als sein begrenztes Ich. In der Beziehung zum Ewigen liegt das Mysterium der Barmherzigkeit, der Akt der Gnade, die es ermöglicht, seine Mitmenschen mit dem Auge des Göttlichen zu sehen. Wir legen die Vergebung in die Hände eines Größeren und bitten für uns und für den anderen. So wie Jesus am Kreuz das Schicksal seiner Folterer in die Hände eines Höheren legte: »Herr, vergib ihnen, denn sie wissen nicht, was sie tun.«

Zweifelsohne machen es uns die Massenmörder und Folterer dieser Welt schwer, den Glauben an das zu bewahren, wovon die Mystiker des Christentums, des Islam und des Judentums gleichermaßen überzeugt sind: dass jeder Mensch einen göttlichen Funken in seinem Herzen trägt. Dieser göttliche Funke vereint alle Menschen, gleich welcher Herkunft, Religion oder Kultur. Und er glimmt auch in den Menschen, die sich an der

Menschlichkeit vergehen. Der Glaube an einen gemeinsamen göttlichen Funken ermöglicht es, sich in die Situation dessen einzufühlen, der uns oder anderen Leid zugefügt hat. Und er lässt uns nach der Menschlichkeit im Täter suchen. Wie kam er in diese Situation, Menschen Unrecht zuzufügen? Hat er neben seinen Verfehlungen anderen vielleicht auch Gutes getan? Wenn es uns gelingt – und sei es auch nur für einen Augenblick –, im Täter den Menschen zu entdecken, können wir seine Taten verurteilen, ohne ihn dabei als Mensch zu verdammen. *Wer den göttlichen Funken in sich zum Brennen bringt, dem verleiht er das Potenzial, Hass, Wut und Schmerz in Mitgefühl, Verständnis und letztlich Liebe zu transformieren. Vergebung fordert von uns nicht mehr und nicht weniger, als den Glauben an das Gute im Menschen zu bewahren und zu hüten.*

Den Frieden im Herzen finden und in die Welt tragen

Er ist die globale Leitfigur der Gewaltlosigkeit. Dabei hätte gerade er allen Grund, zu hassen und zur Vergeltung aufzurufen. In den 1950er-Jahren wurde sein Heimatland von chinesischen Soldaten überfallen und annektiert. Mehr als eine Million Tibeter fielen seither der chinesischen Herrschaft zum Opfer, Klöster und Kulturgüter wurden dem Erdboden gleichgemacht, friedfertige Mönche und Nonnen verschleppt und gefoltert. 1959 floh der Dalai-Lama nach Indien, wo er bis heute im Exil lebt. Seine Heimat hat er seitdem nicht mehr wiedergesehen. Für sein Bemühen um eine gewaltlose Lösung des Tibet-Konflikts erhielt er 1989 den Friedensnobelpreis. Gefragt, weshalb er nach all dem, was ihm und seinem Volk angetan wurde, keinen Groll gegen China hege, antwortete er einmal lächelnd: »Ich versuche, allen Menschen gegenüber aufrichtig zu sein, selbst den Chinesen gegenüber. Wenn ich Feindseligkeit, Zorn oder Hass entwickle, wer ist dann der Leidtragende? Ich verliere meine Zufriedenheit, meinen Schlaf und meinen Appetit, aber die Chinesen stören meine Gefühle nicht im Geringsten.«

Unversöhnlichkeit und Hass, das führen uns die Worte des Dalai-Lama deutlich vor Augen, fügen unserem eigenen Herzen den größten Schaden zu. Wie aber können wir unseren inneren und äußeren Frieden mit dem schließen, was geschehen ist?

Hierfür ist es hilfreich, sich bewusst zu machen: Auch wenn es sich bei dem Menschen, der Sie verletzt hat, um einen Fremden handelt, so entstand durch die Verletzung doch eine Bindung zwischen Ihnen und ihm. Diese wird erst dann aufgelöst, wenn Sie dem anderen nichts mehr nachtragen und keinen Groll mehr gegen ihn in Ihrem Herzen hegen. Dann können Sie ihn in Frieden ziehen lassen. Damit gewährleisten Sie auch, dass der andere fortan keinen Raum mehr in Ihrem Leben einnimmt. Hierfür mag es hilfreich sein, ihm innerlich einen guten Wunsch mit auf den Weg zu geben und die Verbindung symbolisch mit einer Art Ritual zu beenden. Wenn Sie in Ihr Herz blicken und dort keine Bitterkeit mehr spüren, wenn Sie über den anderen ohne Anklage und Bitterkeit sprechen können, dann hat Vergebung stattgefunden.

Solange der Groll über die Verletzung noch in Ihnen weiterlebt, stehen Sie in der Gefahr, ihn an andere und meist völlig Unschuldige weiterzugeben. Denn es ist ein psychologisches Grundgesetz: Wer unversöhnt ist, ruft neues Leid hervor und aktiviert die Täter-Opfer-Spirale. Wer hingegen vergibt, steigt aus diesem Teufelskreis aus und verwandelt negative in schöpferische Energie. Das Leben erhält eine neue Lebendigkeit. Wir stärken die Werte der Menschlichkeit. Wir tragen zu einem friedlichen Miteinander bei. Und das zieht Kreise.

Bei Menschen, die unserem Herzen nahestehen, stellt uns der Wunsch nach Frieden vor die Frage nach Versöhnung. Wollen wir die Beziehung zum anderen heilen und wieder aufnehmen oder war die Verletzung so gravierend, dass eine Fortführung der Beziehung nicht mehr möglich ist? Auch wenn es für Letzteres mitunter gute Gründe gibt, möchte ich Ihnen doch die Worte von Desmond Tutu ans Herz legen: »Wann immer es möglich ist, sollten wir die harte Arbeit auf uns nehmen, gute zwischenmenschliche Beziehungen aufzubauen oder zu erneuern. Feinde können zu Freunden werden, und Täter können ihre verlorene Menschlichkeit wiedererlangen.«

Wenn wir uns dafür entscheiden, eine Beziehung zu erneuern, werden wir jedoch nicht einfach nahtlos dort anknüpfen können, wo der Bruch stattgefunden hat. Ein Neuanfang ist gefordert. Wir geben uns, dem anderen und der gemeinsamen Zukunft eine Chance. Wir konzentrieren uns auf das, was für einen Neuanfang notwendig ist. Vielleicht steht noch eine Entschuldigung seitens Ihres Gegenübers aus oder eine Erklärung für sein Verhalten. Scheuen Sie nicht davor zurück, diese einzufordern. Stärkend kann ein gemeinsames Ritual sein, das den Neubeginn symbolisiert (siehe Seite 82).

Setzen Sie gemeinsam ein deutliches Zeichen der Versöhnung, um den Bund zu erneuern. Mit der Vergebung machen Sie reinen Tisch und lassen das, was geschehen ist, hinter sich. Sie lassen los und machen deutlich, dass nun keine alten Rechnungen mehr offen sind. Oft geht eine Beziehung gestärkt aus diesem Prozess hervor. Wenn Sie spüren, dass Sie selbst noch etwas abschließen müssen, mag das folgende Heilritual, das der Benediktiner Willigis Jäger empfiehlt, hilfreich sein.

HEILRITUAL

Die Verletzung abschließen

Dieses Ritual hilft Ihnen dabei, erlittene Kränkungen und Verletzungen abzuschließen. Es unterstützt Sie, den Neuanfang mit dem anderen zu wagen oder, falls dies nicht möglich sein sollte, diesen ohne Groll und Bitterkeit aus Ihrem Leben gehen zu lassen.

Ziehen Sie sich hierfür mit Notizblock und Stift an einen ungestörten Ort zurück. Entzünden Sie eine Kerze. Zentrieren Sie sich und sammeln Sie Ihre Kraft, indem Sie einige Male bewusst ein- und ausatmen.

Lassen Sie nun Ihre Gedanken zurückwandern in die Situation, in der Sie verletzt wurden und mit der Sie in diesem Ritual abschließen möchten. Denken Sie an den

Menschen, der Sie verletzt hat und mit dem Sie sich nun versöhnen oder den Sie in Frieden ziehen lassen möchtet. Gestatten Sie sich, noch einmal alles zu spüren, was an Gefühlen in Ihnen aufsteigt. Erlauben Sie sich, alles zu denken und zu fühlen. Und schreiben Sie sich all das, was in Ihnen aufsteigt, vom Herzen – den Zorn, die Verletzung, die Rachegedanken, die vielleicht noch in Ihnen schlummern.

Tun Sie dies so lange, bis Ihnen nichts mehr einfällt. Bis sich all Ihr Kummer und Ihr Groll auf das Papier ergossen haben. Legen Sie dann das Geschriebene zur Seite und zentrieren Sie sich für einige Atemzüge. Der Übung liegt das Wissen zugrunde, dass das, was wir einmal niedergeschrieben haben, an Macht über uns verliert.

Nehmen Sie nun das Geschriebene und gehen Sie damit an einen Ort in der Natur. wo Sie es in einem feuerfesten Gefäß verbrennen, es einem Fluss oder dem Meer übergeben oder es vergraben. Damit besiegeln Sie, dass Sie das Vergangene zu einem Abschluss gebracht haben und dass Sie beide frei sind. Sie bekunden mit diesem Heilritual Ihren Entschluss zur Aussöhnung mit dem, was geschehen ist.

....

Meine persönliche Reise zur Vergebung

Unsere gemeinsame Reise geht nun ihrem Ende entgegen. Vielleicht möchten Sie an dieser Stelle noch einmal Ihr Notizbuch zur Hand nehmen und reflektieren:

- Was waren die großen Herausforderungen auf dieser Reise?

- Wie habe ich es geschafft, mich der Verletzung zu stellen?

- Wer hat mich dabei unterstützt?

- Welche Ressourcen und Kraftquellen habe ich auf diesem Weg entdeckt?

- Was habe ich dabei über mich selbst und andere gelernt?

- Und was kann ich heute an andere weitergeben, um die Liebe in der Welt zu stärken?

Schlussgedanke:
Das Ende der Heldenreise

Nun sind wir am Ende unserer gemeinsamen Reise angekommen. Einer Reise, auf der Sie beherzt Ihr Schicksal in die eigene Hand genommen und vielfältige Hindernisse und Herausforderungen bewältigt haben. Einer Reise, auf der Sie Ihren Verletzungen ins Auge geblickt, sich mit dem Schmerz, der Wut und der Bitterkeit konfrontiert und Ihre Angst, Ohnmacht und Traurigkeit gefühlt und zugelassen haben. Sie haben großen Mut bewiesen! Vergebung ist ein Kraftakt. Wer sich auf diesen Weg macht, begibt sich auf eine Heldenreise. Darauf wies der südafrikanische Friedensnobelpreisträger Desmond Tutu immer wieder hin. Und wer diesen Weg geht, kehrt schließlich gestärkt und gereift zu sich selbst zurück.

Ja, wir haben immer die Wahl, ob wir uns von dem, was in unserem Leben geschieht, entmutigen lassen oder ob wir daran wachsen. Sie haben sich gegen Verbitterung und gegen Vergeltung entschieden. Und Sie haben sich dafür entschieden, den Frieden und die Liebe in der Welt zu stärken.

Daran, wie Sie heute auf die Verletzung zurückblicken, und daran, wie Sie anderen davon erzählen, können Sie erkennen, wie weit Ihr innerer Heilungsprozess vorangeschritten ist. Setzen Sie sich nicht unter Druck. Seien Sie mitfühlend und geduldig mit sich selbst. Vergebung ist nicht etwas, das wir erzwingen könnten. Und sie geschieht nicht von heute auf morgen. »Alles hat seine Zeit und jegliches Vornehmen unter dem Himmel seine Stunde« (Pred 3,1), sagte der weise König Salomo in einem Psalm. Und so hat auch die Seele ihre Zeit auf dem Weg der Vergebung.

Machen Sie sich bewusst: Vergebung kann weder gefordert noch verordnet werden. Sie findet in einem freien Raum statt: in unserem Herzen. Wir können uns der Vergebung öffnen. Wir können sie einladen und alles dafür tun, dass sie sich in unserem Leben willkommen fühlt. Letztlich jedoch ist sie Gnade. Ein Moment menschlicher Teilhabe an einer größeren und allumfassenden Barmherzigkeit.

Literatur

Dalai Lama: *Die Weisheit des Verzeihens: Ein Wegweiser für unsere Zeit*, Bastei Lübbe: Köln 2008.

Enright, Robert D.: *Vergebung als Chance. Neuen Mut fürs Leben finden*, Huber: Bern 2006.

Ilibagiza, Immaculée: *Aschenblüte. Ich wurde gerettet, damit ich erzählen kann*, Ullstein: Berlin 2008.

Jäger, Willigis: *Über die Liebe*, Kösel: München 2009.

Kor, Eva Mozes/Buccieri, Lisa Rojany: *Ich habe den Todesengel überlebt. Ein Mengele-Opfer erzählt*, cbj: München 2012.

Mandela, Nelson: *Der lange Weg zur Freiheit*, Fischer: Frankfurt a. M. 1997.

Spannbauer, Christa/Gonschior, Thomas: *Mut zum Leben. Die Botschaft der Überlebenden von Auschwitz*, DVD, Europa Verlag: München 2013.

Spannbauer, Christa/Ceming, Katharina: *Der spirituelle Notfallkoffer. Erste Hilfe für die Seele*, Trinity: München 2014.

Tipping, Colin C.: *Ich vergebe. Der radikale Abschied vom Opferdasein*, Kamphausen: Bielefeld 2014.

Tutu, Desmond/Tutu, Mpho: *Das Buch des Vergebens. Vier Schritte zu mehr Menschlichkeit*, Allegria: Berlin 2014

Wiesenthal, Simon: *Die Sonnenblume. Über die Möglichkeit und Grenzen zur Vergebung*, Europa Verlag: München 2015.

Wolfers, Melanie: *Die Kraft des Vergebens. Wie wir Kränkungen überwinden und neu lebendig werden*, Herder: Freiburg 2013.

Lebenshilfe auf den Punkt gebracht

Achtsamkeit hilft uns, mit den Herausforderungen des Lebens geschickter umzugehen – und dabei die kleinen Freuden des gegenwärtigen Augenblicks aus vollem Herzen zu genießen. Die kompakten Pocketguides bieten einen unkomplizierten Einstieg: Eine Fülle an Übungen und Impulsen zeigt, wie sich Achtsamkeit konkret im Alltag umsetzen lässt.

ISBN 978-3-95803-080-0

ISBN 978-3-95803-007-7

ISBN 978-3-95803-047-3

ISBN 978-3-943416-92-3

Weitere erfolgreiche Titel
aus der Reihe »Achtsam leben«

»Das größte aller Wunder ist es,
lebendig zu sein. Achtsamkeit ermöglicht uns,
dieses Wunder zu berühren.«

Thich Nhat Hanh

Mehr über unsere Bücher unter www.scorpio-verlag.de

ISBN 978-3-95803-029-9

ISBN 978-3-95803-032-9

ISBN 978-3-95803-095-4

ISBN 978-3-95803-046-6

Leichter leben:
Inspiration zu einem neuen Lebensgefühl

ISBN 978-3-95803-042-8

ISBN 978-3-95803-078-7

ISBN 978-3-95803-043-5

ISBN 978-3-95803-045-9

ISBN 978-3-95803-077-0

ISBN 978-3-95803-075-6

ISBN 978-3-95803-044-2

ISBN 978-3-95803-076-3

Alle Bände: 96 Seiten, Klappenbroschur,
Durchgehend vierfarbig mit zahlreichen Fotos und Illustrationen